시대를 관통하는 지혜

시대를 관통하는 지혜

지은이 송태근
펴낸이 임상진
펴낸곳 (주)넥서스

초판 1쇄 인쇄 2019년 9월 5일
초판 1쇄 발행 2019년 9월 10일

출판신고 1992년 4월 3일 제311-2002-2호
10880 경기도 파주시 지목로 5
Tel (02)330-5500 Fax (02)330-5555
ISBN 979-11-6165-728-8   03230

www.nexusbook.com

시대를 관통하는 지혜

송태근 지음

일상을 위한 야고보서

넥서스CROSS

'어떻게 살 것인가?' 하는 질문은 역사 속에서 인류가 계속해서 던져온 질문입니다. 문학과 철학, 그리고 종교는 이 질문에 대한 대답으로서 각 문화 속에 자리 잡아 왔습니다. 이 대답은 종종 '지혜'로 표현되기도 합니다. 어려서부터 우리는 지혜로운 사람들의 이야기를 들으며 자라왔고, 그러한 사람이 되기를 동경했습니다. 참된 지혜가 무엇이며 그것을 어디서 찾을 수 있는가 하는 문제는 철학적인 질문이면서 동시에 우리 일상의 물음이기도 합니다.

오늘날처럼 급변하는 시대에 이 질문은 더 적실성을 갖는다고 생각합니다. 많은 사람들이 재빠르게 움직이고 행동하고 있지만, 진정으로 그 방향이 옳은 방향인지에 대해서는 깊이 성찰하기 어려운 시대이기 때문입니다. 요즘은 광풍처럼 유행이 퍼져나가고 또 그만큼 쉽게 사그라집니다. SNS를 통해 확인조차 되지 않은 수많은 이야기들이 아주 쉽고 빠르게 세상에 퍼져나가는 것을 봅니다. 그리고 그러한 소식들에 둘러싸여 부화뇌동하는 경우들도 많이 경험하게 됩니다. 그야말로 '바름'보다는 '빠름'이 지혜로 여겨지는 세상입니다.

그리스도인들조차 이렇게 빠른 세상 속에 휩쓸려 방향을 잃을 때가 많습니다. 우리가 경험하는 문제들은 이전보다 더욱 복잡해졌지만, 성경적 가치 안에서 그것을 숙고할 수 있는 여유는 사라져 버렸습니다. 그래서 진득하게 성경 속에서, 기도 가운데 답을 찾으려 하기보다는 일단 움직이고 보는 우를 범할 때가 얼마나 많은지 모릅니다. 그것은 성경, 특히 야고보서가 우리에게 가르치는 지혜와 거리가 먼 모습입니다.

그동안 야고보서를 지혜의 관점에서 읽으려는 시도들이 많이 있었음에도 불구하고, 한국 교회에서는 주로 믿음-행위의 대립 구도에서 이 서신을 이해해온 측면이 많았던 것이 사실입니다. 그래서 어떤 분들은 야고보서가 바울서신과 대립각을 세우고 있다고 생각하기도 하고, 또는 바울서신의 약점을 보완하기 위해서 쓰였다고 말씀하기도 합니다. 그래서 믿음은 있지만 행위가 없는 한국 교회에 반드시 필요한 것이 야고보서라고 말씀하는 분들이 많습니다.

분명 그러한 지적이 타당한 부분들이 있다고 생각합니다. 그러나 저는 두 차례 야고보서를 강해하면서 이 서신이 표면적으로는 '행위'를 강조한 것처럼 보이지만 오히려 '하나님의 은혜'에 더욱 집중하고 있다는 사실을 더욱 확신하게 되었습니다. 그리고 그러한 끈질긴 하나님의 은혜를 깨닫고 그분께 우리의 삶을 의탁하는 것이 참된 믿음이자 지혜라는 것을 더 분명히 알게 되었습니다.

즉 오늘날 야고보서의 말씀이 한국 교회에 적실한 이유는 단지 행위를 강조하고 있기 때문이 아니라, 이 서신이 다시금 우리를 그리스도와 그분의 말씀 앞에 세우기 때문이라고 생각합니다. 우리는 그곳에서만 참된 지혜가 무엇인지, 어떻게 세상을 살아나갈 것인지에 대한 답을 얻을 수 있습니다.

야고보서는 시험과 고난, 비판, 혀의 권세, 교회 내 차별 등 우리가 당면하고 있는 것들만큼이나 다양하고 복잡한 문제들과 그에 대한 참 지혜를 제시합니다. 문제는 다양하지만 답은 일관됩니다. 빠르게 돌아가는 이 땅에서 눈을 들어 영원을 주관하시는 하나님을 바라보라는 것입니다. 참 지혜는 오직 하나님을 경외하는 삶에만 있기 때문입니다. 이 작은 안내서를 통해 그러한 지혜를 우리 모두가 다시금 발견할 수 있길 원합니다.

앞서 밝혔듯 이 책은 삼일교회에서 두 차례(2014년, 2018년)에 걸쳐 야고보서를 강해한 것을 기초로 하고 있습니다. 성령님께서 설교를 통해 회중을 만들어 가시지만, 또한 회중은 설교자를 만들어 갑니다. 부족한 설교자를 위해 기도해주시고, 설교자와 같은 호흡으로 말씀의 복을 사모하는 삼일교회 성도님들께 감사의 마음을 다 표현할 길이 없습니다.

또한 기존의 강해 시리즈에서 벗어나서 보다 다양한 연령층의 성도님들에게 이 책이 다가갈 수 있도록 기획과 편집에 많은 애를 써주신 넥서스CROSS에도 진심으로 감사의 말씀을 전하고 싶습니다.

마지막으로 삶의 여러 문제들 속에서 어떻게 살아갈지를 씨름하는 가운데 이 책을 읽어나가는 모든 독자들이 문제 너머에 계신 하나님을 발견하고 하나님이 주시는 깊은 은혜와 사랑을 경험할 수 있게 되기를 간절히 소원합니다.

청파동에서

송태근 목사

매일 기쁘게,
매일 풍성하게!

기쁨, 진정으로 회복되어야 할
김형국 지음 | 180쪽 | 10,000원

하나님의 창조 형상에 따라 기쁨을 온전하고 완전하게 회복하라! 이 책은 당신이 기쁨을 빼앗긴 원인을 진단하고, 그에 따른 처방을 통해 완전하고 완벽한 기쁨을 진정으로 회복할 수 있도록 도와줄 것이다.

믿으라고? 뭘?
양승언 지음 | 200쪽 | 11,200원

당신은 기독교에 대해 얼마나 아는가? 모태신앙이라 알 만큼 안다고? 착각하지 마라! 이 책은 누구나 한 번은 가질 수 있는 기독교에 대한 기상천외한 질문과 그 해답을 모아 놓았다.

한 날의 괴로움은 그 날로 족하니
김문훈 지음 | 240쪽 | 15,000원

당신은 무엇을 위해 끝없이 달려가고 있는가!? 달리고 또 달려 결국 당신에게 남아있는 것은 무엇인가!? 기왕 사는 인생, 기쁘고 행복하며 살아보자! 이 책을 통해 참된 기쁨과 행복, 참 평안을 찾길 소망한다.

인생 쉼표 하나...
이문희 지음 | 192쪽 | 13,500원

오늘도 앞만 보고 뛰고 또 뛰는 당신에게 인생 선배가 들려주는 눈물 나는 위로! 쏜살같이 지나가는 인생의 시간 속에서, 더 늦기 전에 당신 자신을 위한 시간을 갖길 바라는 저자의 심정이 고스란히 담겨있다.

어린이를 위한 추천 도서

어린이 교회가 알고 싶다
송태근 원작 · 이수경 글 · 장누리 그림 | 140쪽 | 7,500원

찬호의 궁금증에서 시작된 교회 이야기!!
송 목사님께서 성경을 통해 풀어주는 교회 이야기를 통해
우리 친구들 모두 교회 박사가 되어 보세요

어린이 부활이 알고 싶다
이수경 글 · 장누리 그림 | 136쪽 | 7,000원

우리 친구들은 부활을 믿고 있나요?
하나님의 독생자 아들 예수님께서는 분명 이 땅에 오셨고,
나의 죄를 대신해 십자가에서 죽으시고 다시 살아나셨어요.

어린이 십일조가 알고 싶다
이수경 글 · 김태은 그림 | 136쪽 | 7,000원

지원의 십일조에서 시작된 이야기!!
지원이 아빠가 성경을 통해 풀어주는 십일조 이야기를 통해
우리 친구들 모두 헌금 박사가 되어 보세요.

※ 〈어린이 알고 싶다 시리즈〉는 계속됩니다.

어린이 성경 캘린더 시리즈
넥서스CROSS 편집부 편

시편 김태은 그림
잠언 장누리 그림
각 64쪽 | 각 4,900원

※ 〈어린이 성경 캘린더 시리즈〉는 계속됩니다.

※ 〈어린이 성경 캘린더 시리즈〉는 다량 주문 시 교회 로고 각인해 드립니다 (문의: 02-330-5521).

전교인 훈련 교재

예수님의 사람
유기성 지음 | 학생용 1·2권, 인도자용 1·2권 |
각13,000원

선한목자교회 유기성 목사의 제자훈련 교재이다. 이 책은 십자가를 통과함으로써 참다운 주님의 제자가 되는 삶으로 인도한다. 십자가의 능력을 체험하여 예수님 안에서 성화(聖化)되는 삶을 살아보라.

청소년 예수님의 사람
유기성 지음 | 학생용 1·2권, 인도자용 1·2권 |
1권각 15,000원, 2권 학생용 17,000원·인도자용 17,500원

기독교 교재 부문 베스트셀러 『예수님의 사람』 그 명성을 그대로 청소년판에 옮겼다. 청소년들로 하여금 예수님이 내 안에 계시고 나와 함께한다는 사실을 깨닫게 함으로, 삶을 변화시키는 제자훈련 교재이다.

위드 지저스 1~10권
유기성 지음 | 학생용 1~10권, 인도자용 1권 |
학생용 각 3,000원, 인도자용 12,000원

진짜 교육은 예수님을 만나게 하는 것이다! 그런 의미에서 이 책은 1~10권까지 예수님을 친밀하게 만날 수 있는 기회를 제공한다. 제자훈련의 워밍업 단계 또는 각 가정에서 쉽게 가르치기에도 좋은 교재이다.

예수와 함께 죽고 예수로 사는 가정
유기성 지음 | 학생용·인도자용 |
학생용 9,000원, 인도자용 10,000원

행복한 가정을 이루기 원하면서도 왜 싸움을 멈추지 못할까? 저자는 서로 다른 기준 때문이라고 한다. 하나님의 통치가 이루어지는 곳, 그분이 함께하시는 곳이 천국이다. 나는 죽고 예수로 사는 가정을 만들라.

전교인 훈련 도서

예수님과 함께하는 40일
이상훈 지음 | 96쪽 | 9,000원

예수님의 공생애 3년을 고스란히 담았다. 그분의 행적을 따라가며, 순간순간 들려주시는 위로의 말씀으로 고단한 당신의 삶에 큰 위로와 축복이 임하길 바란다. 선물용으로 제작, 봉투가 함께 들어있다.

날마다 노트 시리즈(장년)
넥서스CROSS 편집부 편

설교 꽃·주황·담쟁이
기도 리스·풍선
감사 곰·꽃·체크
각 112쪽 | 각 3,000원

어린이 날마다 노트 시리즈
넥서스CROSS 편집부 편

기도 선인장·음악대·기린
감사 예수·기도·꽃
각 112쪽 | 각 4,000원

※ 〈날마다 노트 시리즈〉(장년, 어린이)는 다량 주문 시 교회 로고 각인해 드립니다 (문의: 02-330-5521).

넥서스CROSS의 추천 성경

프뉴마 드림성경 (개역개정 | 새찬송가)
잭 헤이포드 책임편찬
블랙, 다크 그린, 다크 브라운
지퍼형 | 4도 | 2584쪽 | 99,000원

드림 성경 (개역개정 | 새찬송가)
넥서스CROSS 성경팀 편
블랙, 브라운 | 무지퍼형 | 2도 | 1216쪽 | 31,000원

ESV드림 제자성경 (개역개정)
크로스웨이 ESV 바이블 편찬팀 편
양장 | 4도 | 1600쪽 | 35,000원

프뉴마 어린이 성경 (개역개정)
넥서스CROSS 성경팀 편
펄그린, 펄핑크 | 무지퍼형 | 2도 | 1664쪽 | 20,000원

유진 피터슨의 첫 번째 어린이 성경
유진 피터슨 지음 | 롭 콜리 · 톰 밴크로프트 그림 | 조경연 옮김
구약 186쪽 | 12,000원
신약 212쪽 | 12,000원

※ 〈드림 성경〉과 〈프뉴마 어린이 성경〉은 다량주문 시 교회 로고각인해 드립니다 (문의: 02-330-5521).

3부 회복

야고보서 1:1~4

1부

균형

야고보서 1:1

1 하나님과 주 예수 그리스도의 종 야고보는
흩어져 있는 열두 지파에게 문안하노라

01

이 시대의
해결 '책'

　　　　　　　　'한국 교회가 위기다'라는 말이 무
색할 정도로, 오늘날 우리는 심각한 교회의 침체기를 경험하고
있다. 급속한 교세 성장을 경험했던터라 그런지 지금의 침체는
우리 모두에게 상당한 충격을 주고 있다. 그러나 진정한 위기는
성도 수의 문제가 아니다. 교회가 믿고 고백하는 바대로 실천하
지 않는 것이 더 큰 위기다. 성도가 늘어났지만, 신앙의 성장과
성숙은 제대로 일어나지 않았다. 그 결과 교회는 세상에 실망을
주는 것을 넘어 수많은 비난을 자초하는 지경에 이르고 말았다.

우리는 그 어느 때보다 수많은 설교가 선포되는, 복음의 홍수 속에 살고 있다. 몇 번의 손가락 움직임만으로 원하는 주제와 알고 싶은 내용의 설교를 얼마든지 듣고 볼 수 있다. 때문에 요즘 성도들의 성경을 아는 수준은 이전 세대와 비할 수 없을 정도로 훌륭하다. 그렇다면 우리의 삶도 그만큼 바뀌었을까? 많이 깨달은 만큼 더 깊이 실천되고 있는가 말이다. 우리는 이 질문 앞에 잠시 주춤하지 않을 수 없다.

신앙과 실천이라는 주제는 기독교의 역사만큼이나 오래되었다. 나아가 우리가 믿고 고백하는 바의 진정성에 대해 묻고 있는 현 시대에서는 더할 나위 없이 중요한 주제다. 그런 점에서 지금의 침체는 오히려 기회일 수 있다. 그동안 숫자가 만들어낸 거품을 걷어내고 우리 신앙의 민낯을 마주하여, 우리가 믿고 고백하는 바를 다시금 점검하도록 하나님께서 한국 교회에 허락하신 시간이라 믿는다.

이를 위해 우리는 이 책을 통해 야고보서의 메시지에 귀 기울여보고자 한다. 이것은 단지 야고보서가 실천과 행동을 강조하고 있기 때문만은 아니다. 야고보서가 우리로 하여금 '주의 말씀'과 참된 복음으로 돌아가게 하기 때문이다. 복음의 본질이 무엇이고, 나아가 복음을 따르는 삶은 무엇인지 야고보서를 통해 배워보자.

그리스도를 발견한 주의 형제

　사실 야고보서의 저자가 누구인지는 명확하지 않다. 당시 야고보, 즉 야곱이라는 이름은 매우 흔했으며 또 성경에도 서로 다른 네 명의 야고보(알패오의 아들, 세베대의 아들, 유다의 아버지, 예수님의 동생)가 등장하기 때문이다. 다만 저술 시기 등을 고려할 때, 야고보서의 저자로 가장 유력한 사람을 우리는 예수님의 동생 야고보라고 본다. 야고보는 예루살렘에서 '주의 형제'라고 불리면서 사도에 준하는, 상당한 영향력을 끼치고 있었다(갈 1:19; 2:9). 그런데 놀라운 것은, 그가 처음부터 예수님을 믿었던 사람이 아니었다는 사실이다. 그 증거가 성경에 기록되어 있다.

　　이는 그 형제들까지도 예수를 믿지 아니함이러라

_요한복음 7:5

　요한복음은 야고보뿐만 아니라 예수님의 형제들 모두 예수님을 믿지 않았다고 기록한다. 얼마나 충격적인가! 그런데 아이러니하게도 그들은 예수님을 메시야로 믿지는 않았지만, 예수님의 능력은 인정하고 있었음을 볼 수 있다. 말씀의 앞부분을 조금 더 살펴보자.

¹그 후에 예수께서 갈릴리에서 다니시고 유대에서 다니려
아니하심은 유대인들이 죽이려 함이러라 ²유대인의 명절
인 초막절이 가까운지라 ³그 형제들이 예수께 이르되 당신
이 행하는 일을 제자들도 보게 여기를 떠나 유대로 가소서
⁴스스로 나타나기를 구하면서 묻혀서 일하는 사람이 없나
니 이 일을 행하려 하거든 자신을 세상에 나타내소서 하니

_ 요한복음 7:1~4

3절을 보면, 형제들은 자신들과 제자들을 분명히 구분한다.
그러면서 유대에 있는 제자들도 예수님께서 행하는 일을 볼 수
있도록 떠나라고 요청한다. 우리는 여기서 말씀을 당시 정치·지
리적 상황을 고려하며 볼 필요가 있다. 유대와 예루살렘은 당시
이스라엘의 실질적인 정치 무대였다. 그런데 예수님의 주 사역
무대는 가난하고 외진 마을 갈릴리였다. 다시 말해 예수님의 형
제들은 예수님을 향해 약간은 비아냥거리듯이, 중요한 명절이
다가오니 갈릴리 촌구석을 벗어나 유대로 가서 자신을 좀 드러
내라고 제안한 것이다.

앞서 말했듯, 예수님의 형제들은 예수님을 자신들이 기다리
던 메시야로 믿지는 않았지만 예수님께 능력이 있음은 분명히
알고 있었다. 때문에 그들은 예수님의 실력이면 이스라엘의 중

심으로 가서 실권을 잡을 수도 있지 않을까 생각한 것이다. 그러나 우리가 이미 잘 알고 있듯, 예수님께서는 세상의 실권을 차지하기 위해 이 땅에 오신 분이 아니다. 인류의 구원을 위해, 우리를 대신해 십자가에 죽으시고 부활하심으로 영원한 생명을 주시기 위해 오신 메시야. 그들은 이때까지 이 사실을 모르고 있었다. 그렇다면, 야고보는 언제부터 예수님을 메시야로 받아들이게 됐을까?

> ³내가 받은 것을 먼저 너희에게 전하였노니 이는 성경대로 그리스도께서 우리 죄를 위하여 죽으시고 ⁴장사 지낸 바 되셨다가 성경대로 사흘 만에 다시 살아나사 ⁵게바에게 보이시고 후에 열두 제자에게와 ⁶그 후에 오백여 형제에게 일시에 보이셨나니 그 중에 지금까지 대다수는 살아 있고 어떤 사람은 잠들었으며 ⁷그 후에 야고보에게 보이셨으며 그 후에 모든 사도에게와 ⁸맨 나중에 만삭되지 못하여 난 자 같은 내게도 보이셨느니라 _고린도전서 15:3~8

3절에서 바울이 말하는 성경은 구약 성경을 의미한다. 그리고 구약 성경은 오실 메시야에 대해 기록한 책이다. 즉 바울은 구약 성경에서 예언한 메시야가 우리를 대속하셨음을 전하며, 부활하신 예수님께서 누구에게 자신을 직접 보이셨는지 나열하고 있다. 예수님께서는 먼저 게바, 즉 베드로에게 보이셨다. 그 후 열두 제자, 그리고 오백여 형제에게 자신을 보이셨다. 그러고 나서 드디어 야고보에게도 보이셨다. 아마 이때 야고보가 예수님을 메시야로 받아들이지 않았을까 생각한다. 죽음을 이기시고 부활하신 예수님께서 그를 만나주신 바로 그 순간 말이다!

야고보는 예수님께서 십자가에 달리실 때, 이제 모든 것이 다 끝났다고 생각했을 것이다. 그런데 그 생각은 예수님의 부활을 목격한 후 완전히 바뀌었다. '우리가 기대하던 메시야는 정치적인 실력을 행사하고 실권을 가져 세상을 바꾸는 일을 하러 온 것이 아니구나!'라고 말이다. 결국 야고보는 예수님의 신실한 종으로 자리하게 된다. 육신의 형제일 뿐 아니라 영적인 형제가 된 것이다. 그는 훗날 예루살렘 교회의 지도자가 된다. 그리고 주후 62년 네로의 박해로 총독 안나스에 의해 순교 당한다.

형제에서 종으로

하나님과 주 예수 그리스도의 종 야고보는 흩어져 있는 열두 지파에게 문안하노라_야고보서 1:1

야고보서의 서두인 1절은 얼핏 보면 평범한 인사말 같다. 그러나 우리는 여기서 야고보의 자기 인식을 발견할 수 있다. 야고보가 자신의 이름 앞에 어떤 수식어를 붙였는지 보라. 그는 "하나님과 주 예수 그리스도의 종"이라고 자신을 소개한다.

그런데 야고보가 누구인가? 그는 예수님의 혈육이요, 육신의 형제다. 그렇기에 자신을 종으로 소개하기 보다는 '예수님의 동생'이라고 소개할 수도 있었을 것이다. 만약 그렇게 했다면 편지의 권위와 신뢰도가 더 높아지지 않았을까? 그러나 야고보는 개인적인 혈연관계의 흔적을 걷어내고, 자신을 예수 그리스도의 종으로 소개한다. 이것은 단순한 겸양의 표현이 아니었다. 그의 진실된 신앙고백이었다.

야고보는 예수님의 친형제였기에, 그분을 메시야로 인정하는 것이 다른 사람보다 더 어려웠을 것이다. 이해를 돕기 위해 잠시 설명하겠다. 만약 나와 한솥밥을 먹던 형님이 어느 날 갑자기 "사실 내가 구약에 예언된 그 메시야란다"라고 고백한다면, 우리는 백이면 백 그 사람에게 정신 차리라고 소리치지 않았겠는가? 이와 마찬가지로 야고보가 혼란을 겪을 수밖에 없었던 것은 어찌보면 너무나 당연한 일이다. 어쨌든 예수님의 능력은 인정해도 그분이 그리스도이심을 믿지 못했던 야고보는, 부활하신 예수님을 만나고서야 그분이 구약에 예언된 메시야, 즉 그리스도라는 사실을 확신하였다. 그리고 우리는 본문을 통해 그가 육신의 형제인 예수님을 주님이자 그리스도로 명확하게 인식하고 있음을 발견하게 된다.

야고보가 이러한 고백을 첫머리에 놓은 이유는 저자의 신앙고백이 이 편지를 읽어야 할 독자들의 신앙고백이 되길 원해서였다. 따라서 우리는 이 고백에 우리의 이름을 넣을 수 있어야 한다. "하나님과 주 예수 그리스도의 종 ○ ○ ○"(이)라고 말이다. 우리가 예수님을 주님으로 고백하고, 우리 자신을 그분의 종으로 고백한다는 것에 모든 신앙의 내용이 들어있다고 해도 과언이 아니다. 그래서 어떤 이들은 구원의 이런 측면을 강조하고자 '주 되심 구원'(Lordship Salvation)이란 표현을 사용한다. 하지만 이 표현은 동어 반복이나 다름없다. 이미 구원 안에 예수님이 주님이시라는 내용이 들어있기 때문이다. 반면, 그만큼 많은 성도들이 구원에서 예수님의 주 되심을 분리하고 있기에 이런 개념이 나온 것은 아닐까 생각한다. 예수님께서 나의 죄를 용서하고 구원하셨다는 사실은 반기지만, 우리가 그분의 종이라는 사실 앞에서는 머뭇거리는 경우가 많기 때문이다.

우리가 구원받았다는 것은 단지 영원한 심판을 피하게 되었다는 사실에만 국한되지 않는다. 오히려 사탄의 종노릇 하던 자들이 이제는 만유의 주님이신 예수 그리스도께 속하여 그분의 종이 되었다는 것이 구원의 핵심이다. 그렇다면, 종은 누구인가? 주인에게 순종하는 자다. 자기 마음대로 살았던 삶, 사실은 죄의 종노릇 하던 삶에서 예수님의 종노릇 하는 삶으로 바뀌는 것이 구원이다. 우리는 예수 그리스도의 죽음과 부활을 통해 사망에서 생명으로 옮겨졌을 뿐만 아니라(요 5:24), 흑암의 권세에서 예수님께서 다스리시는 나라로 옮겨졌다(골 1:13). 이제 구원받은 우리의 과제는 예수님의 생명 안에서, 그분의 다스림에 순종하며 즐거워하는 일이다.

흩어져 있는 하나님 나라 백성들에게

하나님과 주 예수 그리스도의 종 야고보는 흩어져 있는 열두 지파에게 문안하노라_야고보서 1:1

야고보서의 수신자는 누구였을까? 다른 서신들, 특히 바울서신과 달리 야고보서는 수신자의 지역 정보가 분명하지 않다. 그는 편지의 수신자를 "흩어져 있는 열두 지파"라고 칭한다. 우리가 흔히 '디아스포라'라고 하는 표현이 여기서 사용되었다. 이 말은 씨를 뿌린다는 말에서 확장되어 '흩어지다'라는 개념을 갖는다. 북이스라엘과 남유다가 멸망한 후에 수많은 이스라엘 백성들이 중동 전역으로, 더 나아가 소아시아라 부르는 지역 너머까지 흩어지게 되었는데, 이렇게 유대인들이 사방으로 흩어지게 된 사실을 가리켜 '디아스포라'라고 불렀다. 또 '열두 지파'라는 말은 구약 성경에서 이스라엘 백성을 가리킬 때 사용되었던 표현이다. 즉, "흩어져 있는 열두 지파"라는 말은 이방 지역에 흩어져 살고 있는 유대인 성도들을 의미하는 것으로 볼 수 있다. 그렇다고 하여 신약 성경에서 '흩어지다'는 말과 '열두 지파'라는 말이 꼭 디아스포라 유대인들만을 가리킨다고 볼 수는 없다.

[1]예수 그리스도의 사도 베드로는 본도, 갈라디아, 갑바도기아, 아시아와 비두니아에 흩어진 나그네 [2]곧 하나님 아버지의 미리 아심을 따라 성령이 거룩하게 하심으로 순종함과 예수 그리스도의 피 뿌림을 얻기 위하여 택하심을 받은 자들에게 편지하노니 은혜와 평강이 너희에게 더욱 많을지어다_베드로전서 1:1~2

크고 높은 성곽이 있고 열두 문이 있는데 문에 열두 천사가 있고 그 문들 위에 이름을 썼으니 이스라엘 자손 열두 지파의 이름들이라_요한계시록 21:12

베드로와 요한이 각각 '흩어지다'라는 표현과 '열두 지파'라는 표현을 사용하고 있지만, 두 서신이 유대인들만을 위해 기록되지는 않았다. 오히려 이방 지역에 유대인과 이방인이 함께 모여 이룬 교회를 가리켜 그렇게 표현하기도 하였다. 특히 구약의 선지서에서 '열두 지파'라는 표현은 하나님 나라의 회복된 백성을 가리킬 때 사용되었다. 그러므로 '열두 지파'는 유대인과 이방인 할 것 없이 그리스도께서 피로 사신 교회가 새로운 하나님 나라의 백성이 됨을 보여주는 신학적 표현으로 이해해야 한다.

따라서 야고보서는 이방 지역에서 예수 그리스도의 신앙을 갖고 살아가는 유대인들과 이방인들의 교회를 향해 기록된 것이라 해도 과언이 아닐 것이다. 그들은 지역적으로도 흩어져 있었고, 인종적으로도 나뉘어져 있었다. 그러나 "흩어져 있는 열두 지파"라는 표현은 그들이 예수 그리스도 안에서 하나님 나라의 백성으로 하나가 되었다는 것을 강조한다. 이처럼 하나님 나라의 관점은 지역과 인종을 뛰어 넘게 만든다. 이것은 오늘날 우리가 회복해야 할 그리스도인의 정체성이기도 하다.

동역하고 있는 목회자들과 성도들에게 '하나님 나라'의 시각을 가져야 한다는 말을 자주 한다. 쉽게 말해, 더 넓게 보고 생각하며 사역해야 한다는 뜻이다. 한국 교회는 '내 교회', '내 사역'이라는 인식을 매우 강하게 갖고 있다. 물론 그런 애착심에서 열심과 열정이 나오기도 하였다. 그러나 한 걸음 물러서서 더 넓은 차원에서 우리의 위치를 생각해보라. 그러면 여러 면에서 집착을 버릴 수 있다. '나여야만 한다', '우리 교회여야만 한다'는 생각이 바뀌게 된다. 하나님의 큰 그림을 보라. 그러면 우리는 좁은 시야에서 벗어나 사역의 풍성함을 경험하게 될 것이다.

환난 중에도 기뻐하도록

'흩어지다'라는 표현 속에는 시련이 암시되어 있다. 앞에서 살펴본 것처럼 '디아스포라'라는 개념 자체가 이스라엘 민족의 시련 속에서 나왔다. 그런데 이것은 초기 그리스도인들에게도 적용되는 표현이었다.

> [19]그 때에 스데반의 일로 일어난 환난으로 말미암아 흩어진 자들이 베니게와 구브로와 안디옥까지 이르러 유대인에게만 말씀을 전하는데 [20]그 중에 구브로와 구레네 몇 사람이 안디옥에 이르러 헬라인에게도 말하여 주 예수를 전파하니 _ 사도행전 11:19~20

스데반의 순교 사건은 많은 유대인 성도들을 이방 지역으로 흩어지게 만들었다. 이스라엘은 하나님의 심판으로 인해 흩어지게 되었지만, 예루살렘의 성도들은 예수 그리스도의 복음 때문에 환난을 겪어야 했다. 그러나 이 환난에도 불구하고 그들은 주 예수의 복음을 전하는 일을 멈추지 않았다. 결국 환난은 이방 선교의 문이 열리는 계기가 되었다.

사실 초창기 교회의 거의 모든 교회들은 이러한 환난 가운데에 있었다. 그러나 하나님께서는 시련을 겪고 있는 그분의 백성에게 말씀하셔서 그들을 위로하시고 선한 길로 인도하셨다. 야고보의 편지를 받는 이들 역시 안팎으로 믿음의 시련을 경험하고 있었다. 그러나 하나님께서는 말씀으로 그들을 안위하셔서 환난 중에도 기뻐하게 하신다.

하나님과 주 예수 그리스도의 종 야고보는 흩어져 있는 열두 지파에게 문안하노라_야고보서 1:1

여기서 '문안한다'는 말로 번역된 표현은, 신약 성경에서는 야고보만 인사말로 사용하였다. 사도행전 15장을 보면 야고보가 예루살렘 회의 후에 이방의 교회들에게 서신을 보냈는데, 거기서도 동일한 표현이 등장한다(행 15:23). 당시 인사말로 주로 사용된 이 표현의 문자적 의미는 '기뻐하다'이다. 그런데 야고보는 한 절 아래에 바로 '기쁨'이라는 단어를 다시 등장시키면서 의도적으로 인사말과 몸글을 연결시키고 있다.

> 내 형제들아 너희가 여러 가지 시험을 당하거든 온전히 기
> 쁘게 여기라_야고보서 1:2

하나님께서는 당시 초대 교회의 여러 가지 시험이나, 현재 세상을 살아가며 우리가 겪고 있는 어려움을 이미 알고 계신다. 때문에 우리가 이 세상을 살아갈 때 그분의 말씀은 살아 역사하여 우리의 삶에 이길 힘을 주신다. 이러한 사실은 우리에게 큰 기쁨이 아닐 수 없다.

> 내가 주의 인자하심을 기뻐하며 즐거워할 것은 주께서 나
> 의 고난을 보시고 환난 중에 있는 내 영혼을 아셨으며
>
> _시편 31:7

어려운 시간들은 우리의 눈과 귀를 가린다. 하나님의 말씀을 가까이 할 힘을 잃어버리게 한다. 그러나 하나님께서는 우리의 처지와 형편을 이미 알고 계신다. 환난 중에도 우리에게 말씀하

고 계시는 주님의 음성을 들을 수 있길 바란다. 우리가 이 시간을 견뎌낼 수 있는 유일한 힘과 기쁨은, 오직 하나님의 말씀뿐이다.

야고보서 1:2~4

2 내 형제들아 너희가 여러 가지 시험을 당하거든
온전히 기쁘게 여기라

3 이는 너희 믿음의 시련이 인내를 만들어 내는
줄 너희가 앎이라

인내를 온전히 이루라 이는 너희로 온전하고 구비하여 **4**
조금도 부족함이 없게 하려 함이라

02

완전한
내비게이션

모르는 길을 운전해서 가야 할 때 가장 필요한 것은 내비게이션이다. 목적지를 입력하기만 하면 어떤 길이 가장 빠른지, 고속도로로 진입해야 하는지 국도로 가야 하는지를 알려준다. 뿐만 아니라 특별한 지형이나 과속 방지턱, 사고가 잦은 지점을 알려주는 기능도 있다. 최근에는 실시간 교통정보를 반영하여 길을 알려주기도 하며, 교통사고 지점까지 미리 알려주어 급정거로 인한 추돌을 예방해 주기도 한다. 이 장에서 소개할 야고보서 말씀도 이러한 내비게이션과 같다.

²내 형제들아 너희가 여러 가지 시험을 당하거든 온전히 기쁘게 여기라 ³이는 너희 믿음의 시련이 인내를 만들어 내는 줄 너희가 앎이라 ⁴인내를 온전히 이루라 이는 너희로 온전하고 구비하여 조금도 부족함이 없게 하려 함이라

_야고보서 1:2~4

이 길의 목적지는 어디인가? 온전하고 구비하여 조금도 부족함이 없게 하는 것이다. 그러면 어떠한 경로로 그 목적지에 도달할 수 있는가? 그 방법은 시험을 기쁘게 여기며 인내하는 것이다. 한편 그 길의 지형은 어떠한가? 그 길을 살펴보니, 여러 가지 시험이 깔려 있다. 여기서 '여러 가지'라는 말은 문자적으로 '여러 색깔'이라는 뜻이다. 아마도 한 번쯤은 바닷가에 가서 아무 생각 없이 바다를 물끄러미 바라본 적이 있을 것이다. 그러면 파도가 끊임없이 몰려와 바위를 때리고 물러가는 것을 반복해서 보게 된다. 하지만 완전히 같은 모습의 파도는 볼 수 없다. 매번 모양과 그 색깔이 다르다. 마찬가지로, 우리가 인생길을 걸어갈 때에도, 매번 같은 일상이 반복되는 것 같지만 '같은 삶'은 없다.

그럼에도 우리는 시험의 형태를 크게 두 가지로 구분해 볼 수 있다. 그중 하나는 '내면의 죄'로 인한 시험이다. 나의 욕망과 정

욕으로 인해 발생하는 허물들 말이다. 영어 성경은 이를 흔히 '유혹'으로 번역한다. 그리고 다른 하나는 '외부에서 오는 시련들'이다. 특히 믿음을 지키려고 할 때 당하는 시험과 고난들이다. 더 넓게는 우리가 신앙을 가지고 이 세상을 사는 가운데 만나는 모든 어려움들이 우리에게 시험이 된다고 말할 수 있다.

죄가 들어오면서 인간과 이 세상은 원래 하나님께서 그리셨던 모습을 잃어버렸다. 그래서 인간은 타락한 상태로 비틀린 구조와 시스템, 메커니즘 속에 살아간다. 그리고 그러한 메커니즘의 일부가 되어 계속해서 부조리를 만들어낸다. 그 가운데서 신앙 양심을 지키면서 직장 생활이나 사업을 하는 것은 좀처럼 쉽지 않다. 우리 스스로가 유혹에 취약할 뿐만 아니라 거대한 구조의 힘이 우리를 계속해서 짓누르기 때문이다. 그야말로 여러 색깔의 시험이 우리 안팎을 넘실거리며 떠밀려 든다. '온전함'이라는 목적지를 향하기 위해 떠나는 길이 험난하기만 하다.

시험을 기쁘게 여기라

내 형제들아 너희가 여러 가지 시험을 당하거든 온전히 기쁘게 여기라_야고보서 1:2

이 험난한 믿음의 여정 가운데 야고보를 통해 주시는 첫 말씀은 '기쁘게 여기라!'는 명령이다. 우리는 보통 기쁨이 감정의 영역이라 생각한다. 그래서 이 말씀을 어떤 상황에서건 웃는 얼굴을 하고 있어야 한다는 의미로 오해하기 쉽다. 그러나 이것은 오히려 이성적인 명령이다. 시험을 마주할 때에 기쁘게 생각해야 한다는, 즉 우리가 어려움을 대하는 태도가 달라져야 한다는 말이다. 고난과 시련은 사람을 깊은 침체로 끌고 간다. 원망과 불평 속에서 모든 것을 쉽게 포기하게 하는데, 우리는 그럴 때 정신을 똑바로 차려야 한다. 야고보는 시련에 대한 우리의 태도를 바꿔야 하는 이유를 다음과 같이 제시한다.

이는 너희 믿음의 시련이 인내를 만들어 내는 줄 너희가 앎이라_ 야고보서 1:3

여기서 '시련'이라고 번역된 말은 진정성을 시험한다는 뜻을 갖는다. 그렇다면, 우리는 왜 믿음의 시련을 기쁘게 여겨야 하는가? 시련이 인내를 만들어내기 때문이다. 인내 자체가 우리의 목적지는 아니지만, 목적지에 도달하기 위해 반드시 요구되는 것이다. 인내는 우리가 가고자 하는 종착지인 온전함으로 이끈다. 그러므로 우리가 걷고 있는 이 험난한 지형은 목적지에

도달하기 위한 필수 코스다. 믿음의 여정에서 어려운 길을 만났는가? 그건 우리가 바르게 걸어가고 있다는 증거다. 오히려 아무런 장애도 없고, 시험도 없는 길은 목적지로 가는 길이 아닐 수도 있다. 믿음의 시련을 당할 때 기쁘게 여길 수 있는 이유가 바로 이 때문이다. 성경을 조금 더 깊이 살펴보면 시련의 의미가 사뭇 다르게 다가올 것이다.

욥의 인내

야고보서 5장 11절을 보라.

> 보라 인내하는 자를 우리가 복되다 하나니 너희가 욥의 인내를 들었고 주께서 주신 결말을 보았거니와 주는 가장 자비하시고 긍휼히 여기시는 이시니라_야고보서 5:11

구약 성경은 인내의 샘플로 우리에게 욥을 제시한다. 하나님께서는 욥을 온전하고 정직한 자라고 평가하셨다. 뿐만 아니라 성경은 그를 하나님을 경외하고 악에서 떠난 자라고 기록한다. 이 정도 신앙이면 영적으로 참 복된 자다. 게다가 그는 물질적으로도 부유했고, 7남 3녀의 자녀가 있었다. 자녀들 간의 우애도 좋았다. 한 자녀의 생일이 되면 다 같이 축하해주고 잔치를

벌였다. 화목한 가정이었다. 또 소유물을 보면 양 7천 마리, 낙타 3천 마리, 소 5백 겨리, 암 나귀 5백 마리, 종은 셀 수가 없었다. 굉장한 스펙의 집안이었다.

어느 날, 사탄이 하나님 앞에 섰다.

"너 어디 돌아다니다 왔니?"

"네, 여기 저기 그냥 돌아다니다 왔습니다."

"너 내 종 욥을 봤니?"

"봤죠."

"어떻더냐?"

"뭐 하나님께서 인정하실 만큼 대단합니다. 그러나 하나님! 그가 까닭 없이 하나님을 그렇게 경외하겠습니까? 뭔가 그럴만한 조건과 이유가 있으니까 경외하지요. 그렇게 많은 재물로 울타리를 만들어주시는데 누군들 그렇게 경외 안 하겠습니까?"

사탄이 하나님을 도발했다.

"좋다. 그럼 이렇게 해보자. 몸과 생명은 건드리지 말고, 다 거두어 가봐라."

하나님께서 사탄의 도발에 걸려든 것일까? 그렇지 않다! 하나님께서는 분명한 목적과 의도를 가지고 계셨다. 하나님의 허락 하에, 사탄은 욥이 가진 모든 것을 물거품으로 만들어버린다. 하루아침에 욥의 소유물이 사라지고, 자녀들조차 목숨을 잃었다. 이 끔찍한 일이 욥의 어떤 행위와 관계가 있었겠는가? 그런 행위가 욥에겐 전혀 없었다. 그저 사탄과 하나님의 대화 끝에 벌어진 일이었다. 그렇다면, 욥의 입장에서 이 일이 어떻게 느껴졌겠는가? 미치고 환장할 노릇이었을 것이다.

사탄이 다시 하나님 앞에 섰다.

"그래, 욥이 무너지더냐?"

"안 무너지네요. 그런데 하나님, 몸은 아직 건강하잖아요. 건강하니까 무너지지 않죠."

"그래? 그럼, 생명은 건드리지 말고 몸에 손을 대봐라."

2라운드가 시작되었다. 욥의 머리끝부터 발끝까지 악창이 났다. 얼마나 괴로웠는지 기왓장으로 몸을 긁어댔다. 피가 흐르고 또 흘러 전신에 딱지가 앉았다. 이쯤 되자 평생을 함께한 아내는 절규하며 욥에게 모진 말을 쏟아낸다.

"상황이 이 지경이 되었는데도 원망 한마디 않고 참고만 있을 건가요? 차라리 하나님을 욕하고 죽으세요!"

욥이 당한 말도 안 되는 엄청난 시련을 듣고 친구들이 찾아왔다. 그리고 욥에게 묻는다.

"야, 너 뭐 잘못한 거 있나 잘 생각해보고 어서 하나님께 용서를 빌어. 네가 똑바로 살고 있는데 하나님께서 괜히 이런 재앙을 주셨겠니?"

욥은 아무리 생각해봐도 하나님 앞에 특별히 잘못한 것이 없었다. 이러한 상황에서 욥은 무엇이라고 말하고 있는가?

> 그러나 내가 가는 길을 그가 아시나니 그가 나를 단련하신
> 후에는 내가 순금 같이 되어 나오리라_욥기 23:10

이 구절로 만든 CCM 가사에 익숙해져서 우리는 이것이 마치 욥의 신앙고백처럼 들릴 수 있겠지만, 사실 이것은 욥의 항변에 가깝다. 새번역 성경은 이 부분을 다음과 같이 번역해 놓았다.

> 하나님은 내가 발 한 번 옮기는 것을 다 알고 계실 터이니,
> 나를 시험해 보시면 내게 흠이 없다는 것을 아실 수 있으련
> 만!_[새번역] 욥기 23:10

욥의 속마음은 이미 숯덩이가 된 지 오래다. '하나님, 저한테

왜 이러세요? 제가 얼마나 하나님 앞에 정직하게 살아왔는지 알고 계시지 않습니까? 하나님, 정말 살아 계십니까? 정말로 존재하고 계세요?'

우리 역시 종종 이러한 근본적인 질문 앞에 서곤 한다. 살면서 도저히 이해할 수 없는 일을 만날 때가 있기 때문이다. '왜 나는 이렇게 하는 일마다 잘 안 될까? 이렇게 성실하게 살아왔는데 왜 이런 일들이 나에게 생기는 걸까?', '나름 신앙생활 열심히 하고 헌신하며 살고 있는데 왜 내 길에 고난이 떠나질 않는가?'

하나님께서는 욥의 질문에 답하지 않으시고, 오히려 욥에게 근본적인 질문을 던지셨다.

내가 땅의 기초를 놓을 때에 네가 어디 있었느냐 네가 깨달아 알았거든 말할지니라_욥기 38:4

네가 바다의 샘에 들어갔었느냐 깊은 물 밑으로 걸어 다녀 보았느냐_욥기 38:16

하나님의 근본적인 질문에 욥은 한 마디도 답하지 못했다. 피조물이 어떻게 창조자의 절대적인 질문에 답할 수 있겠는가?

이에 욥은 깨달았다. 고난의 문제는 행위의 옳고 그름에 있지 않음을 말이다. 또 신앙의 핵심은 하나님의 주권과 통치 앞에 순복하는 것임을 말이다. 욥은 그렇게 하나님에 대한 새로운 이해에 눈 떴다.

> 내가 주께 대하여 귀로 듣기만 하였사오나 이제는 눈으로
> 주를 뵈옵나이다_욥기 42:5

우리는 믿음의 가치가 '내가 얼마나 잘 믿냐?'에 있다고 생각한다. 하지만 신앙의 전선은 그곳에 있지 않다. 참된 믿음의 판단 기준은 하나님의 주권 앞에 순복하는 것이다. 우리에게도 욥처럼 납득할 수 없는 일들이 닥쳐온다. 우리는 그 과정을 통해 신정론적인 질문을 마주하면서 내가 가지고 있던 신앙의 카테고리를 뛰어넘는 경이를 발견해야 한다. 이것이 믿음의 정수다.

> 보라 인내하는 자를 우리가 복되다 하나니 너희가 욥의 인
> 내를 들었고 주께서 주신 결말을 보았거니와 주는 가장 자
> 비하시고 긍휼히 여기시는 이시니라_야고보서 5:11

"주께서 주신 결말"이란 '목적'과 '완성'이라는 의미를 가진

다. 우리는 욥의 인내를 통해 주님의 목적을 보게 된다. 또 주님은 피조물의 한계를 통해 우리가 하나님에 대해 새로운 이해로 눈을 열게 하신다. 우리는 욥이 인내로 모든 어려움을 버텼다고 쉽게 생각하지만, 사실은 하나님께서 목적을 가지고 그를 그 자리까지 인도하셨음을 우리는 깨달아야 한다. 그것은 복된 자들만이 경험할 수 있는 특별한 은혜다. 가장 어려운 시간에도 하나님께서는 우리를 향한 자비와 긍휼을 거두지 않으신다.

지금까지 야고보가 욥의 예를 제시한 것은 그의 특출함 때문이 아니다. 물론 그가 당한 고난은 사람이 쉽게 생각할 수 있는 정도가 아니었다. 그러나 그 모든 일을 견디게 하신 이는 자비와 긍휼의 하나님이시다. 이것은 인내로 고난을 통과한 자들만이 깨달을 수 있는 신비다. 야고보는 그것을 말하고 싶었던 것이다. 성도의 인내는 긍휼과 자비의 하나님께서 만들어 가신다.

온전함을 향하여

인내를 온전히 이루라 이는 너희로 온전하고 구비하여 조금도 부족함이 없게 하려 함이라_야고보서 1:4

"인내를 온전히 이루라"는 말씀을, 이를 악물고 버티라는 개념으로 생각해서는 안 된다. 오히려 우리의 인내를 가능하게 하시는 하나님께 자기 자신을 의탁하라는 의미다. 놀랍게도 욥의 인내도 하나님의 기다림이 주신 결말이었다. 그래서 욥의 인내를 하나님의 자비와 긍휼로 결론짓는 것이다.

욥이 고난 받는 시간은 욥에 대한 하나님의 기나긴 기다림이었고, 내 안에 의가 없다는 것을 드러내시는 시간이었다. 하나님은 욥이 새로운 의에 눈 뜨게 하셨다. 바울 역시 인간의 연약함 가운데 나타나는 하나님의 능력을 다음과 같이 말한다.

나에게 이르시기를 내 은혜가 네게 족하도다 이는 내 능력
이 약한 데서 온전하여짐이라 하신지라 그러므로 도리어
크게 기뻐함으로 나의 여러 약한 것들에 대하여 자랑하리
니 이는 그리스도의 능력이 내게 머물게 하려 함이라

_고린도후서 12:9

시험과 시련이 우리를 넘실거려 우리의 힘이 다 빠졌다고 생각된 그때, 비로소 그리스도의 능력이 나타난다. 우리를 끝까지 기다려주시고 참아주신 주님의 긍휼과 자비가 우리의 연약함을 감싸 안아 종착지까지 인도하신다. 그래서 《웨스트민스

터 신앙고백서》에서 성도는 최종적으로 인내할 것이라 말하면서, 그러한 인내가 성도의 자유의지에서 기인하지 않는다고 고백한다. 우리의 능력으로 버티고 견디는 것이 아니라는 의미다. 오히려 삼위 하나님의 사랑과 도우심 때문에 은혜로 끝까지 인내한다고 말한다. 사실상 하나님께서 우리를 목적지까지 견인(牽引, 이끌다)하여 주시기에 성도는 견인(堅忍, 굳게 참고 견디다)하게 된다. 우리의 믿음은 처음부터 끝까지 오직 하나님께만 달려있다. 그러므로 우리의 목적지인 온전함 역시 그리스도와 그분의 자비에만 붙들린 상태를 의미한다. 내가 무슨 능력으로 더 채워지는 상태가 아니다. 부족함이 없는 상태란 하나님께서 내 목자가 되실 때에만 경험할 수 있다(시 23:1). 따라서 그리스도만으로 충분하게 되는 것이 진정한 온전함이다.

욥이 당한 시련이 그에게서 모든 것을 거두어 갔다. 자기 자신의 아집, 심지어 신앙적인 관념조차 다 뿌리 뽑혔다. 그러나 그 과정을 통해 그에게 하나님 한 분만이 진정으로 남게 되었다. 그렇게 내 삶과 믿음의 껍데기들이 다 사라지고 오롯이 그리스도만 드러나게 되는 것이 온전한 상태다. 하나님 외에 의지했던 모든 것들이 다 무너지고 하나님의 긍휼과 자비에 전적으로 자신을 의탁하게 되는 것이 온전함이다. 믿음의 시련은 그렇게 우리를 온전하게 만들어간다. 그러므로 시련이 닥쳐올 때 우리는 스스로 되뇌어야 한다. '주님께서 나를 온전한 길로 인도하고 계시는구나. 세상을 바라보지 않고 하나님 한 분만 의지하게 하시는구나' 하고 말이다.

칠흑같이 어두운 상황 앞에서도 흔들리지 말자. 주님은 온전한 길로 우리를 붙들며 이끌고 계신다. 그리스도인은 시련을 기쁘게 여길 수 있는 사람이다. 내 자신에게 소망이 있어서가 아니라 하나님께만 소망이 있기 때문이다. 사방이 막히는 시험 속에서도 주를 향한 절실하고 절박한 고백이 흔들리지 않는 것, 어떤 상황 가운데서도 버티는 힘이 인내다. 그 힘은 내가 만들어낼 수 있는 것이 아니다. 나를 대신하여 사랑하시는 아드님을 내어주시기까지 우리를 사랑하시고 우리를 기다려주신 하나님께서 주시는 능력이다. 하나님께서 우리를 최종 목적지까지 인도하신다는 사실을 믿고, 시험 가득한 세상을 주님 앞에 붙들려 살아내보자!

야고보서 1:5~3:18

2부

지혜

야고보서 1:5~8

5 너희 중에 누구든지 지혜가 부족하거든 모든 사람
에게 후히 주시고 꾸짖지 아니하시는 하나님께 구
하라 그리하면 주시리라

6 오직 믿음으로 구하고 조금도 의심하지 말라 의심하는 자는
마치 바람에 밀려 요동하는 바다 물결 같으니

이런 사람은 무엇이든지 주께 얻기를 생각하지 말라 **7**

8 두 마음을 품어 모든 일에 정함이 없는 자로다

03

최고의
지혜

설교를 듣거나 개인적으로 말씀을 묵상하다가 어떻게 살아야 하는지에 대한 깨달음이 올 때가 있다. '아, 그렇구나. 그렇게 살아야 하는구나'라고 말이다. 그러나 이것을 지혜라고 볼 수는 없다. 단지 지식을 얻은 것뿐이다. 이 지식이 지혜가 되게 하려면 어떻게 해야 할까? 듣고 깨달은 말씀을 삶의 자리에까지 녹여내어야 한다. 즉, 지혜란 하나님의 말씀을 통찰력 있게 깨닫는 과정과 그것을 삶으로 녹여내는 모든 과정을 말한다. 다음의 말씀을 살펴보자.

여호와를 경외하는 것이 지식의 근본이거늘 미련한 자는
지혜와 훈계를 멸시하느니라_잠언 1:7

여호와를 경외하는 것이 지혜의 근본이요 거룩하신 자를
아는 것이 명철이니라_잠언 9:10

　잠언 1장 7절에서 '지혜와 훈계를 멸시한다'는 말씀을 우리
는 "나는 말씀이 듣기 싫어. 그 말씀이 필요 없어"라고 무시하고
넘긴다는 뜻으로 오해하기 쉽다. 하지만 이 말씀은 지식은 있
는데, 즉 말씀을 듣고 깨달음과 내 안에 쌓여 축적된 정보도 있
는데 그것이 순종으로까지 이어지지 않는 태도를 표현한 것이
다. 따라서 참된 지혜란 여호와를 경외하는 자리에까지 가는 것
을 의미한다. 지식이 지혜로운 삶의 자리에까지 내려오는 과정,
결국 그 삶이 여호와를 경외함에 이르게 한다. 그래서 거룩하
신 자를 아는 것이 '명철'이라고 성경은 말씀한다. 이것은 단순
히 깨닫거나 이성적인 터득만을 이야기 하는 게 아니다. 여기서
'안다'라는 말은 지식과 경험을 포괄하는 개념이다. 비슷한 개
념을 다루고 있는 히브리서 5장 12~13절의 말씀을 좀 더 살펴
보자.

12때가 오래 되었으므로 너희가 마땅히 선생이 되었을 터인데 너희가 다시 하나님의 말씀의 초보에 대하여 누구에게서 가르침을 받아야 할 처지이니 단단한 음식은 못 먹고 젖이나 먹어야 할 자가 되었도다 13이는 젖을 먹는 자마다 어린 아이니 의의 말씀을 경험하지 못한 자요

_ 히브리서 5:12~13

13절의 "경험하지 못한 자" 또한 말씀을 듣고 깨달았지만, 말씀으로 살아낸 경험이 없는 사람을 가리킨다. 살아가면서 말씀을 경외한 적이 없었던 것이다. 감탄하고 눈물을 흘리며 깨닫긴 했지만, 그 지식의 말씀을 삶의 자리로 끌어내어 하나님을 경외하며 살아낸 경험이 없다는 뜻이다. 다시 말해, 지혜가 없다는 것이다. 그렇다면, 지혜는 어떻게 얻을 수 있을까?

후히 주시는 하나님

너희 중에 누구든지 지혜가 부족하거든 모든 사람에게 후히 주시고 꾸짖지 아니하시는 하나님께 구하라 그리하면 주시리라_ 야고보서 1:5

야고보서 1장 4절에서 "인내를 온전히 이루라"고 해놓고, 그 다음에 와서는 왜 지혜가 부족하다고 말씀하는 걸까? 그것은 시련 속에서 인내하기 위해 반드시 지혜가 필요하기 때문이다. 그런데 그것을 누가 주는가? 오직 하나님께서만 주실 수 있다.

스마트폰을 사면 제일 먼저 초기 설정을 한다. 설정을 마치고 나면 그 설정에 따라 움직이도록 되어 있다. 이와 마찬가지로 하나님께서도 인간을 창조하실 때 초기 설정을 해놓으셨다. 그런데 타락한 인간이 그 설정대로 살지 않기에 오작동이 일어나 인생이 뒤죽박죽되어 지금의 세상이 뒤틀려져 있는 것이다. 때문에 우리는 초기 설정을 회복해야 한다.

그렇다면, 회복되어야 할 초기 설정은 무엇인가? 바로 '하나님은 주시는 분'이라는 사실을 깨닫는 것이다. 성경은 주시는 하나님께 '지혜'를 구하라고 말한다. 이 지혜는 험한 인생길을 가는 우리에게 반드시 필요하다. 우리에게는 부족한 것이지만 하나님께는 충만한 것이므로 구하는 모든 사람에게 그것을 주신다고 하는 것이다.

우리는 종종 하나님에 대해 잘못된 인식을 갖고 불평을 한다. '하나님은 나만 따돌리는 것 같아. 하나님은 나에게만 관심이 없는 것 같아. 왜 나만 가지고 그러셔?'라고 말이다. 하지만 하나님께서는 모든 사람에게 후히 주시는 분이다. 이 중요한 영적 질서를 믿을 수 있기를 바란다. 이 우주 천지에 나 혼자 존재했어도 하나님께서는 나를 위해 독생자 예수 그리스도를 보내실 사랑의 하나님이다. 그러므로 "모든 사람에게"라는 말은 내가 그저 수많은 사람 중 하나라는 말이 아니다. 그 대상이 바로 '나'라는 말이다. 내가 구하는 지혜를 주실 뿐만 아니라 후히 주신다. 이 개념이 본문의 핵심이다.

우리는 여기서 '후히'라고 번역된 표현을 자세히 살펴볼 필요가 있다. 대부분의 영어 성경도 이 단어를 '후하게', '너그럽게'라는 의미로 번역했다. 그래서 우리는 보통 이 구절의 의미를 열을 달라고 했는데 열둘 혹은 열셋을 주신다는 말로 해석한다. 물론 하나님의 성품에는 그러한 요소가 있다. 하지만 신약 성경에 단 한 번 쓰인 이 단어의 의미는 '단순히', '오로지'라는 의미가 더 강하다. 즉 하나의 마음으로, 온 마음을 다한다는 의미다. 다시 말해, 우리가 지혜를 구할 때 하나님께서는 마치 그 일밖에는 할 일이 없는 것과 같은 태도로 나를 대하신다는 것이다.

자녀와 부모의 입장에 모두 서본 사람이라면, 이 말씀의 의미를 더 잘 이해할 수 있을 것이다. 자녀가 어떤 문제에 절실해 있고, 부모는 그것을 충분히 해결할 수 있는 능력과 여력과 마음이 있다고 생각해보라. 그런데 그 자녀가 마침 "아버지, 저 이거 필요한데 좀 도와주세요"라고 하면, 그 아버지는 어떤 태도를 취하겠는가? 당연히 최우선으로 자녀의 필요를 해결해주지 않겠는가? 하나님도 마찬가지다. 때로는 육신의 부모는 자녀에게 은근히 노후 보장 등의 기대를 하며 그 필요를 채워주기도 하지만, 하나님께서는 그런 분이 아니다. 우리가 정당한 것을 구할 때, 하나님께서는 계산 없이 주신다. 우리에게 주시는 것에 온 마음을 다하신다.

그러므로 우리는 하나님에 대한 새로운 이해에 눈 떠야 한다. 하나님께서는 후히 주시고, 즉 우리에게 온 마음을 다해 주시고 꾸짖지 않으시는 분이다. 인색하신 하나님이 아니다. 그럼에도 하나님에 대한 우리의 뒤틀린 이해가 생각을 사로잡곤 한다. '하나님은 왜 나한테 일시불로 안 주시고 찔끔찔끔 주실까? 왜 하나님은 나에게만 인색하실까? 하여간 언제나 공짜가 없어서 꼭 대가를 치르게 하셔'와 같은 생각 말이다. 이러한 생각은 의심하는 마음에서 온다. 이어지는 구절에서 야고보는 '의심하는 마음'을 '두 마음을 품는 것'이라고 표현한다. 하나님께서는 하나의 마음으로 우리를 향해 계시지만, 우리의 마음은 늘 둘, 셋으로 갈린다. 여기에서 충돌이 발생한다.

충돌을 해결하는 방법

> [6]오직 믿음으로 구하고 조금도 의심하지 말라 의심하는 자는 마치 바람에 밀려 요동하는 바다 물결 같으니 [7]이런 사람은 무엇이든지 주께 얻기를 생각하지 말라 [8]두 마음을 품어 모든 일에 정함이 없는 자로다_야고보서 1:6~8

두 마음을 품은 이는 결국 모든 일에 정함이 없다는 말이다. 여기서 '정함'은 '고요함'을 의미하는데, 이미 야고보는 그러한 사람의 마음을 요동치는 바다 물결과 같다고 하였다. 마음의 상태가 고요하지 못하고 계속해서 시끄럽게 흔들거린다는 말이다. 바람과 바다 한쪽의 힘만으로는 파도가 일지 않는다. 두 힘이 부딪혀야 파고가 높아지는 것이다. 그렇다면 해결 방법은 무엇인가? 하나를 내려놓아야 한다.

하나님께서는 우리를 절대로 포기하지 않으신다. 결국 고집이 센 쪽이 이길 수밖에 없는데, 인간의 고집에는 한계가 있지만 영원하신 하나님께는 한계가 없다. 그럼에도 인간의 욕망은 우리의 눈을 가려 두 마음을 품게 한다. 우리의 인생에 파열음이 생기고 파도가 치는 것이다. 이처럼 두 마음을 품는다는 것은 표리부동(表裏不同)하거나 이중적이라는 의미가 아니라 주인을 둘로 삼는다는 뜻이다. 예수님께서는 우리의 마음이 갈라져서는 어두움에 빠질 수밖에 없음을 가르치셨다.

> ²²눈은 몸의 등불이니 그러므로 네 눈이 성하면 온 몸이 밝을 것이요 ²³눈이 나쁘면 온 몸이 어두울 것이니 그러므로 네게 있는 빛이 어두우면 그 어둠이 얼마나 더하겠느냐 ²⁴한 사람이 두 주인을 섬기지 못할 것이니 혹 이를 미워하고 저를 사랑하거나 혹 이를 중히 여기고 저를 경히 여김이라 너희가 하나님과 재물을 겸하여 섬기지 못하느니라
>
> _마태복음 6:22~24

눈은 우리의 몸을 가누는 제일 중요한 기관이다. 때문에 눈이 고장 나면 시선이 흔들린다. 사물이 두 개나 세 개로 보인다. 그래서 눈이 망가지게 되면 몸이 고생한다. 뒹굴기도 하며, 깨지고 부서지는 고생을 한다. 이처럼 우리의 시선이 분산되면 앞을 향해 나갈 수 없다. 시간이 낭비되고 물질이 낭비되며 인생이 피곤해진다. 정함이 없이 늘 흔들리고, 뒤죽박죽 된다. 하나뿐인 인생인데 얼마나 안타까운 일인지 모른다. 그런데 우리의 시선이 흔들리는 이유는 무엇인가? 무엇이 하나님을 향해 한마음을 품지 못하게 하는가?

예수님께서는 가장 강력한 상대로 '재물'을 제시하신다. 세상 사람들에게 재물은 가장 큰 힘으로 여겨진다. 돈만 있으면 뭐든 다 할 수 있다고 생각한다. 가장 확실한 목표다. 오죽하면 요즘 아이들의 장래희망이 건물주라고 하겠는가? 때문에 재물을 목표로 삼으면 하나님으로부터는 멀어질 수밖에 없다. 재물뿐이겠는가? 우리는 숫자를 의지하고 규모를 의지한다. 심지어 교회마저 사람의 힘으로 이끌어나갈 수 있다고 생각한다.

인생의 파도를 잠잠하게 하기 위해 두 물리력의 충돌을 막아야 한다. 그러기 위해서는 우리가 양손에 거머쥔 것 중 하나를 내려놓는 길밖에 없다. 때때로 하나님께서는 우리의 사방을 막으신다. 이는 우리가 하나님만 바라볼 수 있도록 하기 위해서다. 하나님께서는 그렇게 하나님 경외하는 것을 가르치신다.

지혜가 단순한 지식이나 고백이 아닌 이유가 여기에 있다. 주님은 그렇게 우리의 삶에 깊숙이 개입하셔서 지혜를 가르치신다. 그러므로 "아버지, 살려주세요!"라는 고백은 인간이 토해낼 수 있는 최고의 지혜이다. 그때에 비로소 우리는 한결같이 우리를 향하고 계시는 하나님을 경험하게 된다.

믿음으로 구하라

시험과 시련이 그치지 않고 몰아치는 세상을 뚫고 나가기 위해서 반드시 필요한 것은 '지혜'다. 이 지혜는 우리를 다그치지 않으시는, 늘 한결같은 마음으로 우리를 향해 계신 하나님께 구할 때 얻을 수 있다. 특히 야고보는 지혜를 구할 때 오직 믿음으로 구하라고 권면한다.

오직 믿음으로 구하고 조금도 의심하지 말라_야고보서 1:6a

여기서 생각해보고자 하는 것은 '믿음으로 구한다'는 말씀의 의미다. 당연히 믿음으로 구한다는 것은 뒤에 따라오는, 의심한다는 것과 반대되는 개념이다. 우리는 흔히 믿음으로 기도한다는 것을, 확신을 가지고 기도하는 것으로 오해한다. 여기서 확신이란 내가 소원하는 것이 꼭 이루어질 것이라는 확신이다. 그리고 그것이 그대로 이뤄질 줄 조금도 의심하지 않으려 애쓴다. 그것을 의심이 없는 믿음의 기도라고 생각하는 경우가 많다. 그러나 여기서 의심한다는 것은, 앞에서 살펴본 것처럼 마음이 갈라져 있는 상태를 말한다. 하나님을 향해 한마음을 품는 대신 의지할 대상들을 붙들고 있는 태도다. 속된 말로 하나님과 세상

사이에 양다리를 걸친 상태로 '그래도 혹시나' 하는 마음을 가지고 하는 기도다. 야고보는 이런 태도로 기도하는 자들에게 하나님께 무언가 받을 생각조차 하지 말라고 경고한다.

따라서 여기서 말씀하는 믿음의 기도란 내가 구하는 대로 이뤄질 것을 믿으라는 의미가 아니다. 반드시 그대로 이뤄지리라고 흔들림 없이 믿으면 성취된다는 말이 아니다. 그러한 생각은 세상의 자기계발서에서 말하는 일종의 자기 암시에 가깝다. 야고보서가 가르치는 바는 이와 다르다. 오직 나를 향해서 한결같은 마음을 갖고 계신 하나님을 향해서만 한마음을 고정시키란 의미다.

기도는 우리로 하여금 하나님만 바라보게 한다. 그리스도만 의지하게 하고, 성령께만 붙들리게 한다. 이것은 우리가 앞에서 살펴본 '온전함'의 의미와 다르지 않다. 우리가 온전하게 되는 길은 하나님께 붙들리는 길밖에 없다. 그분께 온전히 매여서 연합하는 길뿐이다. 세상은 우리의 시선을 분산시켜 자꾸 그 연합으로부터 벗어나라고 유혹한다. 하나님보다 더 확실한 것이 있다고 자꾸 손짓한다. 이때 필요한 것이 믿음의 기도다. 하나님보다 더 의지하고 있는 것들을 끊어내고 하나님께만 오롯이 내 마음을 드리는 기도! 그러한 사람만이 참 지혜인 여호와 경외를 배울 수 있다.

야고보서 1:9~11

9   낮은 형제는 자기의 높음을 자랑하고

10   부한 자는 자기의 낮아짐을 자랑할지니 이는
그가 풀의 꽃과 같이 지나감이라

해가 돋고 뜨거운 바람이 불어 풀을 말리면 꽃이
떨어져 그 모양의 아름다움이 없어지나니 부한   **11**
자도 그 행하는 일에 이와 같이 쇠잔하리라

04

궁극적인
부(富)

하나님께서 그 백성들을 향해 갖고 계신 목적은 온전하고 구비하여 부족함이 없게 하는 것이다. 여기서 온전함은 윤리와 도덕, 그리고 성품을 뛰어넘는 개념이다. 온전함의 가장 핵심적인 가치는 어떤 상황 속에서도 오직 예수님만이 나의 구주가 되시고, 내 주인이 되신다는 고백으로 살아내는 것이다. 야고보는 이러한 고백을 가진 자를 '낮은 형제'라고 부른다.

9낮은 형제는 자기의 높음을 자랑하고 10부한 자는 자기의 낮아짐을 자랑할지니 이는 그가 풀의 꽃과 같이 지나감이라 11해가 돋고 뜨거운 바람이 불어 풀을 말리면 꽃이 떨어져 그 모양의 아름다움이 없어지나니 부한 자도 그 행하는 일에 이와 같이 쇠잔하리라_야고보서 1:9~11

낮은 형제는 '주님, 이것이 나를 지켜주지 않습니다. 나에게 주신 이 명예가 나를 지켜주지 않습니다. 주님만이 나의 바위와 산성이 되십니다'는 고백을 가진 사람이다. 반대로 부한 사람은 아무것도 가진 것이 없으면서도 끝까지 자기 힘으로 살려는 시도를 내려놓지 않는 사람을 의미한다. 결국 무엇을 자신의 힘으로 삼고 있느냐 하는 문제다. 그렇다고 해서 이것을 꼭 없는 자와 가진 자의 문제로 구분할 이유는 없다.

하나님께서는 언제나 근본적으로 재물에 대해 어떤 인식을 갖고 있는지를 물으셨지, 단순히 재물이 많다는 이유로 사람을 정죄하신 법이 없다. 따라서 우리는 '낮은 형제'와 '부한 자'가 구체적으로 어떤 의미를 갖고 있는지에 대해 자세히 살펴볼 필요가 있다.

'낮은 형제'와 '부한 자'

'낮은 형제'와 '부한 자'에 대해 이해하기 위해서 우리가 관심을 갖고 살펴봐야 하는 부분이 있다. 첫째는 낮은 사람에게는 형제라는 수식어를 사용하고 부한 사람에게는 형제라는 수식어를 사용하지 않았다는 점이다. 둘째는 두 사람 모두에게 자랑하라고 명령한 점이다.

일반적으로 낮은 형제는 가난한 사람, 부한 자는 부자를 지칭하는 것이라고 생각할 수 있다. 물론 당시의 배경을 생각할 때 그런 의미가 전혀 없지는 않다. 하지만 여기에 포함된 더 깊은 의미를 아는 것이 이번 장의 목표다.

> 해가 돋고 뜨거운 바람이 불어 풀을 말리면 꽃이 떨어져 그 모양의 아름다움이 없어지나니 부한 자도 그 행하는 일에 이와 같이 쇠잔하리라_야고보서 1:11

야고보는 다섯 장에 걸친 서신을 쓰면서 구약 성경을 꽤 많이 인용했다. 이는 그가 구약의 배경을 정확히 인지하고 있었기에 가능한 일이었을 것이다. 야고보서 1장 11절 역시 이사야 선지자의 표현에서 빌려온 것이다. 그가 어떤 상황에서 선포한 말씀을 빌려왔는지 알기 위해, 우리는 이사야 40장의 배경을 자세히 살펴볼 필요가 있다.

> ¹너희의 하나님이 이르시되 너희는 위로하라 내 백성을 위로하라 ²너희는 예루살렘의 마음에 닿도록 말하며 그것에게 외치라 그 노역의 때가 끝났고 그 죄악이 사함을 받았느니라 그의 모든 죄로 말미암아 여호와의 손에서 벌을 배나 받았느니라 할지니라 하시니라 ³외치는 자의 소리여 이르되 너희는 광야에서 여호와의 길을 예비하라 사막에서 우리 하나님의 대로를 평탄하게 하라 ⁴골짜기마다 돋우어지며 산마다, 언덕마다 낮아지며 고르지 아니한 곳이 평탄하게 되며 험한 곳이 평지가 될 것이요 ⁵여호와의 영광이 나타나고 모든 육체가 그것을 함께 보리라 이는 여호와의 입이 말씀하셨느니라 ⁶말하는 자의 소리여 이르되 외치라 대답하되 내가 무엇이라 외치리이까 하니 이르되 모든 육체는 풀이요 그의 모든 아름다움은 들의 꽃과 같으니

_ 이사야 40:1~6

당시 이스라엘 백성들은 바벨론 포로기의 뜨거운 풀무 속에 던져진 상황이었다. 고국을 떠나 지독한 고난 속에서 하루하루

견뎠고, 이제 그 시간이 거의 다 끝나가고 있는 것이다. 그래서 하나님께서 이사야 선지자를 통해 '내 백성을 위로하라'는 메시지를 주셨다. 한 절씩 좀 더 살펴보자.

우리는 2절을 통해 노역의 때, 즉 고난의 시기가 끝나가고 있다는 사실을 알 수 있다. 이스라엘 백성들이 지은 죄에 대한 징계를 다 받고 죄 사함을 받게 된 것이다. 이어 3절에서 죄에 대한 용서를 다 받은 후 "하나님의 대로를 평탄하게 하라"는 명령이 등장한다. 이는 궁극적으로 메시야의 도래를 암시하는 구절로, 하나님께서 이스라엘 백성들을 구원하시기 위해 이 길로 진짜 왕을 보내시겠다는 뜻이다. 그리고 그 왕이 오시면 험난한 산세와 같은 고역의 역사를 살던 히브리 노예들이 평온한 삶으로 진입하게 될 것을, 이사야는 4절에서 매우 시적으로 표현하였다. 무엇보다 5절을 통해 성경은 이사야 선지자가 전한 이 위로의 메시지들이 모두 하나님의 입에서 나온 것임을 확실하게 못 박아 설명한다. 그리고 드디어 6절에서 야고보가 본문에 인용한 말씀이 등장한다.

> 말하는 자의 소리여 이르되 외치라 대답하되 내가 무엇이
> 라 외치리이까 하니 이르되 모든 육체는 풀이요 그의 모든
> 아름다움은 들의 꽃과 같으니_ 이사야 40:6

이 말씀은 바벨론의 궁극적인 종말을 암시하는 구절이다. 이사야 선지자는 바벨론의 종말을 풀과 들의 꽃에 비유하였다. 열흘 붉은 꽃이 없듯, 한 시대를 쥐락펴락했던 모든 열강들이 하나님의 섭리에 따라 사용되고는 다 사라진 것을 표현한 것이다. 앗수르, 바벨론, 메대 바사, 그리스, 로마 모두 수백 년을 움켜쥐고 있었지만 결국 사라지고 말았다. 이 얼마나 적절한 비유인가! 그들이 사라지는 역사를 다룬 이사야 40장은, 그래서 우리 구원의 역사에 매우 중요한 담론을 담고 있다.

그렇다면 야고보가 인용한 본문과 관련하여 낮은 자는 누구이며, 부한 자는 누구일까? 낮은 자는 비천하고 가난한 상태에 내던져진 히브리 백성들을 가리킨다. 즉 억압 받고, 고통 속에 던져져 끝날 것 같지 않은 길고 험함 삶 가운데 짓눌려 있는 하나님의 백성을 낮은 자라고 표현한 것이다. 그런데 그들에게 '형제'라는 수식어가 붙었다. 실상은 비참한 것 같지만, 하나님이 보시기에는 그렇지 않았던 것이다. 하나님께서는 그 낮은 형제에게 무엇을 명령하셨는가? 9절을 보자.

낮은 형제는 자기의 높음을 자랑하고_야고보서 1:9

자신의 높음을 자랑하라고 되어 있다. 무엇이 높다는 말인가? 그리고 그것을 왜 자랑하라는 것인가? 우리는 앞서 살펴본 이사야 40장 1~6절에서 해답을 얻을 수 있다.

당시 히브리 노예들은 음부의 권세와 같은 지독한 고난 속에 희망 없이 던져진 상태였다. 그야말로 죽을 수밖에 없는 상황에 처한 그들을 오실 메시야께서 높이신다는 것이다. 그들을 구원하시고 높이시기 위해 보좌에 앉으신 하나님의 아들 그리스도께서 낮고 천한 몸을 입으시고 이 땅에서 낮아지셨다. 그래서 비참한 몸이 되셨다. 비참에 처한 그리스도를 누가 높이셨는가? 바로 하늘 보좌에 계신 하나님이 높이셨다.

그분의 낮아지심과 높아지심 때문에 우리도 함께 생명을 얻고 높임을 경험하게 된 것이다. 야고보는 바로 그 높임을 자랑하라고 말하는 것이다.

'자랑하라'는 말은 히브리적 개념으로, '기뻐하라, 즐거워하라'와 동의어로 쓰인다. 그러므로 우리가 얼마나 가졌든, 갖지 못했든 우리를 높이신 그분께 우리의 기쁨이 향하면 초막이나 궁궐이나 우리에게 큰 의미가 없어진다는 뜻이 된다. 인생을 바라보는 시각이 바뀌는 것이다. 정말 그리스도와 복음으로 충분하다는 고백이 있으면, 가진 것과 가지지 못한 것의 경계선이 별것 아니라는 인식이 우리 안에 자리 잡는다. 따라서 낮은 자라는 말은 단순히 비참한 상태에 빠졌다는 뜻이 아니다. 그런 차원을 뛰어 넘어 주님밖에는 답이 없다는 고백이 절로 나오는 상태에 이른 것이다.

안식을 잃어버린 백성

히브리 노예들은 바벨론 포로로 끌려와서야 주님밖에는 답이 없다는 고백이 터졌다. 왜 그랬을까? 이들은 지난 세월 동안 고국 땅에 있을 때 단 한 번도 하나님을 진심으로 뜻과 정성을 다해 섬긴 적이 없었기 때문이다. 대표적인 예가 하나님께서 명하신 안식일을 거룩히 지키지 않은 것이다.

안식일은 하나님이 인간에게 복 주시기 위해 정하신 날이다. 그런데 인간의 욕망과 탐욕이 안식일을 깨기 시작했다. 겉으로는 아무것도 안 하면서 지키는 척하지만, 많은 규율을 만들어서 종들을 동원해 일을 시키고 땅을 갈게 하고 농사를 짓게 했다. 그렇게 안식이 사라지다 보니 사회가 점점 피폐해지기 시작했다. 땅이 쉬지 못한다는 것은 결국 인간이 쉬지 못한다는 말이다. 인류의 문제는 대부분 안식이 사라진 것 때문에 생겼다.

예수님께서는 자신을 가리켜 안식일의 주인이라고 말씀하셨다. 이는 예수님께서 안식 자체라는 뜻이다. 안식일에 땅을 쉬지 못하게 하니 인간도 함께 쉬지 못하는 문제가 발생했다. 그러면서 자연히 무한 경쟁이 시작되고, 끝 모를 탐욕과 욕망과 탈취가 벌어졌다. 그런 백성들을 두고 보지 못하신 하나님께서는 바벨론이라는 나라를 키워서 이스라엘 백성들을 그 땅의 노예로 만드신 것이다. 결국 그들은 원 없이 일하게 되었다. 세상에 이런 아이러니가 어디 있겠는가? 과거에는 수고해서 자신이 먹고 살았지만, 이제는 남을 위해 죽도록 고생하는 신세가 된 것이다. 이들의 눈물겨운 신세 한탄은 시편에 잘 나타나 있다.

> [1]우리가 바벨론의 여러 강변 거기에 앉아서 시온을 기억하며 울었도다 [2]그 중의 버드나무에 우리가 우리의 수금을 걸었나니 [3]이는 우리를 사로잡은 자가 거기서 우리에게 노래를 청하며 우리를 황폐하게 한 자가 기쁨을 청하고 자기들을 위하여 시온의 노래 중 하나를 노래하라 함이로다
>
> _ 시편 137:1~3

시온의 노래는 여호와를 향한 노래여야 하는데, 그들을 사로잡은 바벨론 사람들이 이 경배의 노래를 자신들을 향해 부르라

고 종용하고 있다. 그래서 백성들이 강변에 앉아 버드나무에 수금을 걸어버린다. 여기서 '여러 강변'이라고 하는 것은 관개수로를 뜻한다. 이 물길은 다름 아닌 히브리 노예들이 끌려가서 만든 것이다. 그 말인즉슨 지금 자신들이 죽도록 만든 강변에 앉아 눈물겨운 시를 노래하고 있는 것이다. 그러면서 뼛속 깊이 그들의 DNA가 바뀌었다.

다시 오실 주님을 향하는 삶으로

이스라엘 백성들이 포로 생활을 하는 70년간 이스라엘 땅은 자연스럽게 안식을 얻었다. 이것이 하나님께서 역사를 경영하시는 방식이다. 그만큼 안식은 인간에게 본질적으로 중요한 주제다. 결국 지금 이 땅의 혼란도 사람에게 안식이 없어서 발생하는 것 아닌가! 안식을 잃어버린 이들이 강변에 앉아 하나님밖에 없다는 처절한 고백으로 낮아진 모습을 보라. 그렇게 낮아지는 것이 우리에게 복이 된다는 사실을 깨달아야 한다. 그런 고백을 가진 자들이 바로 낮은 형제들이다.

그렇다면, 부한 자는 누구를 뜻하는 것인가? 바벨론을 총칭하는 세상의 가치관을 갖고 살아가는 이들을 의미한다. 그들은 물질과 권력이 영원히 자신의 안위를 지켜줄 거라고 믿고 자랑하는 방식으로 살아간다. 특히 본문에서 "부한 자는 자기의 낮아짐을 자랑할지니"(10절)라고 말한 것은, 하나의 언어유희로 봐야 한다. 들의 풀과 꽃같이 시들어 떨어질 것을 자랑해서 뭐하겠는가? 이는 화무십일홍(花無十日紅)이라는 말처럼, 지금의 영화가 영원하지 않다는 것을 강조하는 표현이다. 따라서 이 구절은 종말에 모든 것이 새로워질 것을 암시하고 있다.

하나님의 백성이 비록 이 땅에서 히브리 노예들처럼 비천하고 초라하게 사는 것 같지만, 그날이 오면 모든 것이 갈아 엎어지고 새로운 역사가 나타날 것을 암시하는 것이다. 지금 낮음을 경험하고 하나님의 높음을 고백하는 자들을, 결국 마지막에는 하나님께서 높이실 것이다. 그러나 지금 스스로 부하여져서 자기를 자랑하는 자들은 쇠잔하게 될 것이다. 언제 이런 일이 완성되는가? 우리 구주 예수님께서 이 땅에 다시 오실 때다. 그때까지는 우리에게 수많은 시험과 환란이 있을 것이다.

기독교는 결코 예수님을 믿으면 모든 인생의 장애물이 사라진다고 약속하지 않는다. 그렇기에 그 울퉁불퉁한 길을 어떻게 걸을지 하나님께 지혜를 구해야 한다. 진정한 지혜는 다시 오실 그분께 시선을 고정하며 인내 가운데 험로를 걸어가는 것이다.

인내를 온전히 이루라 이는 너희로 온전하고 구비하여 조
금도 부족함이 없게 하려 함이라_야고보서 1:4

   그분만으로 충분하다는 고백이 어떤 상황 속에서도 흔들리
지 않고 있는가? 이것이 야고보가 2절에서부터 줄곧 설명해 내
려오는 이야기다. 우리는 이 말씀을 우리의 가치관, 하나님에
대한 삶의 방식이 어떠한지 돌아보라고 주는 메시지로 이해해
야 한다. 우리는 이 낮음과 부함 속에서 인생길을 걸어간다.

   성경은 우리 인생길에서 여러 시험을 만날 때 온전히 기쁘게
하라는 분명한 지침을 주었다. 만약 이스라엘 백성이 바벨론이
라는 풀무의 역사에 짓눌리지 않았다면 인생의 답을 찾기 위해
하나님께 부르짖었겠는가? 자신들이 의지하던 그 모든 것이 종
국에는 거품같이 사라진다는 사실을 깨달은 그들은 결국 하나
님께 부르짖으며 돌아왔다.
   이것이 주님이 우리를 회복시키시는 방법이다. 다시 오실 주
님에 대한 열렬함을 회복시키셔서 그것만을 힘과 소망으로 삼
아 담대하게 이 길을 걷게 하신다. 주님께서 다시 오셔서 세상
을 새롭게 하실 것이라는 믿음 가운데 지금의 환난을 견뎌낼 수
있도록 하시는 것이다.

우리가 이 땅에서 무엇을 의지하며 살아갈 것인지는 주님을 향한 우리의 시선이 명확해질 때 분명히 깨닫게 된다. 지금은 낮은 형제로 살아가지만 마침내 주님께서 우리를 영화롭게 하실 것이다. 그 소망으로 살아갈 때에 우리는 궁극적인 부를 누릴 수 있다.

야고보서 1:12~18

12 시험을 참는 자는 복이 있나니 이는 시련을 견디어 낸 자가 주께서 자기를 사랑하는 자들에게 약속하신 생명의 면류관을 얻을 것이기 때문이라

13 사람이 시험을 받을 때에 내가 하나님께 시험을 받는다 하지 말지니 하나님은 악에게 시험을 받지도 아니하시고 친히 아무도 시험하지 아니하시느니라

오직 각 사람이 시험을 받는 것은 자기
욕심에 끌려 미혹됨이니 **14**

15 욕심이 잉태한즉 죄를 낳고 죄가 장성한즉 사망을 낳느니라

내 사랑하는 형제들아 속지 말라 **16**

17 온갖 좋은 은사와 온전한 선물이 다 위로부터 빛들의 아버지께로부터 내려오나니 그는 변함도 없으시고 회전하는 그림자도 없으시니라

그가 그 피조물 중에 우리로 한 첫 열매가 되게 하시려고 자기의
뜻을 따라 진리의 말씀으로 우리를 낳으셨느니라 **18**

05

목적의 완성,
그 너머의
영광

"왜 이렇게밖에 살 수 없을까?"
살면서 누구나 한 번쯤은 고민하는 주제다. 이것이 이번 장에서
다루고자 하는 내용이며, 하나님의 계획을 발견하게 하는 매우
중요한 질문이기도 하다.

> 시험을 참는 자는 복이 있나니 이는 시련을 견디어 낸 자가
> 주께서 자기를 사랑하는 자들에게 약속하신 생명의 면류관
> 을 얻을 것이기 때문이라_ 야고보서 1:12

이 말씀은 두 가지를 말하고 있는 것 같지만, 결국 한 가지에 주목하고 있다. '시험을 참는 자'(12절), 다시 말해 '인내하는 자' (4절)는 복을 얻는다는 것이다. 그러면서 야고보는 시련을 견뎌 낸 자는 생명의 면류관을 얻게 될 것이라고 말씀한다. 이 말씀을 잘 살펴보면 '복, 생명, 면류관'이 결국 같은 것을 의미한다는 사실을 우리는 깨달을 수 있다. 그렇다면, 12절과 짝을 이루는 구절인 4절을 함께 살펴보자.

> 인내를 온전히 이루라 이는 너희로 온전하고 구비하여 조
> 금도 부족함이 없게 하려 함이라_야고보서 1:4

야고보는 인내하는 자는 조금도 부족함이 없을 것이라고 말한다. 이 책의 2장 앞부분에서 '하나님께서는 인생을 창조하실 때, 반드시 목적지를 설정하신다!'고 설명하였다. 그러면서 그 길의 목적지는 '인내'이며, 그곳은 바로 '온전하고 구비하여 조금도 부족함이 없는 것'이라고 말씀하였다. 이는 12절에 '시험을 참는 자에게 복이 주어질 것이고, 시련을 견디는 자는 생명의 면류관을 받을 것'이라고 기록한 것과 같은 맥락이다. 그렇다면 우리의 성품을 제대로 빚는 것이 인내의 목적이라는 뜻인가? 과연 그것으로 충분한가? 다음과 같이 생각해보자.

만약 학위 자체에만 목적을 두고 공부하는 사람이 있다면, 그에게 공부가 무슨 의미가 있겠는가? 학위를 취득하기 위해 애쓰는 이유는 학위 그 자체가 아니라 졸업장 너머에 있는 더 큰 유익 때문이 아닌가? 다시 말해, 시험과 인내는 현재의 성품을 온전하게 하는 것으로만 끝나는 것이 아니다. 그것은 하나님께로부터 받을 어떤 보상과 관련이 있다. 이 얼마나 기대되는 말씀인가? 미래에 받을 '보상'과 관련이 있다니!

복과 생명의 면류관

글을 배울 때, 자음과 모음으로 글자 만드는 법을 먼저 배운다. 그리고 읽는 법을 배운 후에 단어를 배우며, 문법을 배워서 단어를 연결하기 시작한다. 또 숙어를 배운 후에는 독해력을 키우고, 독해를 하게 되면 글의 내용과 가치 그리고 그 이면에 있는 깊은 세계를 파악하는 데까지 나아가게 된다. 이처럼 우리가 자음과 모음을 배우는 목적은, 단순히 글자를 익히는 것이 아닌 그 이면의 깊은 세계를 파악하고자 하는 데 있다.

하나님께서 우리를 온전하게 만들고 성품을 다듬어 흠 없는 존재로 만들고자 하는 것도 '그 자체'가 목적은 아니다. 그렇다면, 그 너머의 세계에는 무엇이 있을까? 성경은 그것이 하늘의 기업을 상속받을 자, 다시 말해 하늘의 경영에 동참하는 자로 불러주시는 것이라고 말씀한다. 야고보가 말하고자 하는 바가 바로 이것이다. 그것을 12절에서는 복과 생명의 면류관이라고 표현하였다. 그러면 한 단계 더 들어가서 왜 그것을 '복'이라고 했는지 살펴보자.

사실 우리가 참고 견디는 수고를 한 것이니 복이라고 하기보다는 '잘했다, 수고했다'고 칭찬을 받으면 될 일이다. 그런데 시험을 참고 견디는 것이 왜 복이라고 했을까? 여기서 사용된 복은 마카리오스(μακάριος)라는 단어를 써서 표현했다. 이 단어의 함의는 하나님께서 나누어 주시는 은혜. 그렇다면 시험을 참는 과정 자체가 내 힘이 아닌 하나님께서 주신 결과라는 뜻인가? 그렇다. 정확하게 내게 근거가 없다는 뜻이다.

우리는 '죽었던 자'이기에, 우리에게 시험과 인내 그리고 복에 대한 아무런 근거가 없다는 말은 지극히 당연한 것이다. 자연히 시험과 인내의 결과는 모두 하나님께서 은혜로 주시는 것이기에 그것이 복이라는 말이 성립된다. 그렇다면, 성경의 다른 책에서는 이 '복'이라는 말을 어떻게 사용하고 있을까?

> 제자들을 돌아 보시며 조용히 이르시되 너희가 보는 것을
> 보는 눈은 복이 있도다_ 누가복음 10:23

이 말은 내 눈이 보는 것이 내게 근거나 원인이 있는 것이 아니닌, 하나님께서 볼 수 있는 눈으로 그 눈에 은혜를 입히셨다는 뜻이다. 즉 보는 것을 보는 눈은 하나님의 은혜로 말미암아 주어지는 복인 것이다. 그럼, 이러한 복은 누구에게 주어지는가?

> 시험을 참는 자는 복이 있나니 이는 시련을 견디어 낸 자가
> 주께서 자기를 사랑하는 자들에게 약속하신 생명의 면류관
> 을 얻을 것이기 때문이라_ 야고보서 1:12

하나님께서는 자기를 사랑하는 자들에게 복을 주겠노라 약속하셨다. 즉, 복 받는 근본적인 원인은 하나님의 사랑이다.

시험이라는 복

그런데 하나님께서 복 주시겠다는 말씀 다음에, 바로 또 시험이라는 말이 등장한다. 13~14절을 보라.

¹³사람이 시험을 받을 때에 내가 하나님께 시험을 받는다 하지 말지니 하나님은 악에게 시험을 받지도 아니하시고 친히 아무도 시험하지 아니하시느니라 ¹⁴오직 각 사람이 시험을 받는 것은 자기 욕심에 끌려 미혹됨이니

_ 야고보서 1:13~14

우리가 살아가는 세상은 기본적으로 이미 죄가 들어와서 타락한 상태이기 때문에 그 생리 자체가 비틀어져 있다. 타락이 전제로 깔려 있는 것이다. 그래서 남들이 보기에 선한 사람이나 악한 사람이나, 이 세상을 살아가면서 피할 수 없는 것이 바로 시험이다. 이에 야고보가 2절에서 다음과 같이 말한다: "내 형제들아 너희들이 여러 가지 시험을 당하거든……" 우리가 걷는 길에 시험은 있을 수도, 없을 수도 있는 것이 아니라 반드시 있다. 그러므로 우리에게는 시험을 중립적으로 보는 눈이 필요하다.

그런데 하나님의 사랑을 입고 택함을 입은 자들에게는 이 시험은 연단이 되어 시련으로 나타난다. 12절을 보면 시험을 참는 자가 시련을 견디어낸 자가 되어 있는 것을 볼 수 있다. "시험을 참는 자는 복이 있나니 이는 시련을 견디어 낸 자가……." 하나님이 택한 백성은 시험 앞에서 무릎꿇지 않고, 그 시험을 연단과 시련으로 끌고 간다는 것이다. 왜? 시련 끝에는 복과 생명의 면류관이 주어진다는 사실을 누구보다 잘 알고 있기 때문이다. '시련은 있어도 실패는 없다'라고 누군가가 한 말이 결코 틀린 말은 아니다.

하지만 시험이 왔을 때 우리 속에 있는 죄가 촉발되면, 시험은 우리를 유혹으로 끌고 간다. 유혹은 우리를 사망, 즉 영원히 미끄러지는 구덩이로 끌고 들어가 헤어나오지 못하게 만드는 것이다. 때문에 우리는 매일 결단을 요구받는다. 야고보는 이것을 15절에서 조금 더 실제적으로 설명한다.

> 욕심이 잉태한즉 죄를 낳고 죄가 장성한즉 사망을 낳느니라_야고보서 1:15

인간의 일생은 잉태-출산-사망으로 요약할 수 있다. 누구나 태어나려면 먼저 잉태가 되어야 한다. 마찬가지로, 우리는 진리의 말씀으로 잉태되었다. 죽었던 영혼에 우리와 상관없이 일방적으로 진리의 말씀이 선포되고, 그 말씀이 들어온 것이다. 진리이신 그리스도께서 이 사망의 땅에 떨어져 죽어서 열매를 내셨듯, 죽은 우리 속에 찾아오셔서 우리와 연결이 되어 예수님의 생명이 잉태된 것이다. 생명이 잉태되면 출산이 기다리고 있다. 그래서 우리가 거듭난 존재가 된 것이다.

어느 날 밤, 유대인의 지도자이자 지성인이었던 니고데모가 예수님을 찾아갔을 때 예수님께서는 그에게 거듭나야 한다는 진단을 내리셨다. 이러한 진단을 받은 니고데모는 그 후 거듭났을까? 예수님께서 돌아가신 후 아리마데 요셉과 함께 시신을 담대히 찾으러 온 사람이 바로 니고데모였다. 무슨 말인가? 그는 진리의 말씀으로 거듭난 존재가 되었던 것이다.

하나님께서 당신에게 새 생명을 주셨는가? 진리의 말씀으로 당신을 다시 태어나게 하셨는가?(약 1:18) 그렇다면 이제 당신 차례다. 어른이 될 때까지 자라야 한다. 단순히 자라는 것이 목적이 아닌, 어른이 된 다음 밟아야 할 단계들을 묵묵히 감당하며 자라야 한다. 폭넓게 섬기고 사랑하며 살아가야 하는 것이다. 이처럼 우리에게 요구되는 삶은 인내하는 과정을 통해 장성한 분량에까지 자라는 것이다.

새로운 프로젝트

'인내'를 문자적으로 설명하면, 중력의 법칙을 거스르는 것이라 할 수 있다. 인간은 위로부터 짓눌리고 아래서 끌어당기는 중력의 원리에 따라 살아갈 수밖에 없는 존재다. 그래서 바울은 우리에게 "위의 것을 찾으라"(골 3:1)고 권면한다. 인간에게 밑으로 내려가는 일은 어렵지 않다. 죄로, 죽음으로 내려가는 것은 자연스러운 현상이다. 그런데 거듭나는 순간부터 우리는 하늘의 질서, 하늘의 원리로 짓누르는 삶의 무게를 뚫고 위로 향하는 열망을 담아 삶을 뒤집게 된다. 이것은 계속 힘주어 살아가야 하지만 불가능한 일은 아니다. 그래서 우리에게 필요한 건 다름 아닌 버티는 힘이다. 그 자리에서 무너지지 않고 버티는 힘 말이다.

빌립보서에서 바울이 "너희는 …… 서서"(빌 1:27)라고 쓴 표현이 바로 버텨내는 힘을 뜻한다. 하나님께서는 왜 그 인내를 복되다 말씀하시는 걸까? 그 과정 속에서 우리와 함께하시고 동행하시며 인도하시고 역사하시는 분이 바로 하나님이시기에, 그분과 동행하기에 복되다 말씀하시는 것이다.

우리가 매일 무너지고 깨지더라도 영원한 좌절과 실패로 갈 수 없는 이유는, 바로 예수 그리스도 때문이다. 그분은 우리를 넘어진 자리에서 다시 일으키실 뿐만 아니라 우리의 연약함을 이해하시기 위해 친히 높고 높은 보좌에서 이 땅으로 내려와 사망과 죽음의 권세를 이기시고 부활의 첫 열매가 되어 주셨다.

그가 그 피조물 중에 우리로 한 첫 열매가 되게 하시려고 자
기의 뜻을 따라 진리의 말씀으로 우리를 낳으셨느니라

_ 야고보서 1:18

　목적지까지 가는 여정에서 여러 가지 시험을 만나는 것이 우
리 삶의 현장이다. 때문에 시험을 통해 우리를 온전하고 구비하
여 조금도 부족함이 없게 하려는 것은 1차적인 목적지일 뿐이
다. 이 목적이 완성되면 그 너머에 하나님과 동역할 새로운 프
로젝트, 즉 하늘의 경영을 위해서 우리를 동역자로 초대하시는
경이로운 생명의 면류관이 준비되어 있다. 이것은 우리가 인내
할 수 있는 새로운 동기가 된다.

　우리는 단순히 온전한 성품을 가진 자로 빚어지기 위해 사는
것이 아니라, 그 너머를 봐야 한다. 만약 참고 인내하는 것이 우
리가 가는 길의 전부라면 허탈한 인생이 될 것이다. 그러나 야
고보서는 그 너머, 우리를 영원한 하나님이 경영하시는 유업을
이을 상속자로 준비시키기 위해 부르시는 것에 대한 이야기라
는 점을 기억하기 바란다. 이 유업은 이미 예수 그리스도가 머
릿돌이 되어서 초석을 놓으셨기 때문에 중간에 부도가 나거나
중단될 수 없다. 공사 중에는 별의별 흠과 연약함이 다 보이듯,
우리의 삶 가운데 이런저런 의심이 드는 일이 찾아오더라도 하

나님의 영원불변한 고집스러움과 영원한 사랑의 역사를 통해 이 일은 끝내 완수된다. 야고보서는 무조건 행동하고 순종하라는 메시지만 담고 있지 않다. 하나님의 주권과 은혜를 동시에 담아내고 있는 책이라는 점을 잊어서는 안 된다. 이 말씀을 붙들고 언제나 주께 묶여 승리하는 은혜가 있기를 바란다.

야고보서 1:19~27

19 내 사랑하는 형제들아 너희가 알지니 사람마다 듣기는 속히 하고 말하기는 더디 하며 성내기도 더디 하라

20 사람이 성내는 것이 하나님의 의를 이루지 못함이라

21 그러므로 모든 더러운 것과 넘치는 악을 내버리고 너희 영혼을 능히 구원할 바 마음에 심어진 말씀을 온유함으로 받으라

22 너희는 말씀을 행하는 자가 되고 듣기만 하여 자신을 속이는 자가 되지 말라

23 누구든지 말씀을 듣고 행하지 아니하면 그는 거울로 자기의 생긴 얼굴을 보는 사람과 같아서

24 제 자신을 보고 가서 그 모습이 어떠했는지를 곧 잊어버리거니와

25 자유롭게 하는 온전한 율법을 들여다보고 있는 자는 듣고 잊어버리는 자가 아니요 실천하는 자니 이 사람은 그 행하는 일에 복을 받으리라

26 누구든지 스스로 경건하다 생각하며 자기 혀를 재갈 물리지 아니하고 자기 마음을 속이면 이 사람의 경건은 헛것이라

27 하나님 아버지 앞에서 정결하고 더러움이 없는 경건은 곧 고아와 과부를 그 환난중에 돌보고 또 자기를 지켜 세속에 물들지 아니하는 그것이니라

06

성숙해지는
법

우리는 분명 하나님의 말씀으로 변화되었는데, 순간순간 마음속에 잡초가 자라난다: "왜 저 사람은 하나님을 만나 변화된 경험을 갖고 있는데 성숙한 삶을 살지 못할까?", "왜 나는 아직도 어린아이와 같은 모습을 하고 있을까?" 이것은 신앙생활을 하면서 누구나 한 번쯤 고민하는 문제다. 여전히 옛 사랑의 희미한 기억과 흔적이 우리 속에 육의 본능으로 남아 있기 때문이다. 그 두 가지 본성이 내면에서 충돌을 일으키면 우리의 성장과 성숙을 가로막는다. 그 충돌을 막기 위해 우리에게 하나님의 말씀이 필요한 것이다. 야고보가 유독 자주 반복해서 사용하는 단어가 바로 '말씀'이다.

> [21]그러므로 모든 더러운 것과 넘치는 악을 내버리고 너희 영혼을 능히 구원할 바 마음에 심어진 말씀을 온유함으로 받으라 [22]너희는 말씀을 행하는 자가 되고 듣기만 하여 자신을 속이는 자가 되지 말라 [23]누구든지 말씀을 듣고 행하지 아니하면 그는 거울로 자기의 생긴 얼굴을 보는 사람과 같아 [25]자유롭게 하는 온전한 율법을 들여다보고 있는 자는 듣고 잊어버리는 자가 아니요 실천하는 자니 이 사람은 그 행하는 일에 복을 받으리라 _야고보서 1:21~23, 25

무엇이 우리의 영혼을 구원한다고 말씀하고 있는가? 바로 마음에 심어진 말씀이다(21절). 그렇다면 우리는 무엇을 행하는 자가 되어야 하는가? 바로 말씀이다(22절). 그리고 우리에게 무엇을 듣고 행하라고 명령하는가? 이 역시 말씀이다(23절). 마지막으로 우리를 자유롭게 하는 것이 무엇이라고 하는가? 온전한 율법, 즉 말씀이다(25절). 이처럼 말씀은 절대적인 존재감을 갖고 우리를 성숙에 이르게 한다. 그러면 이제 말씀을 살펴볼까? 야고보는 말씀을 통해 세 가지를 명령한다.

성숙을 이루기 위한 세 가지 명령

들으라

> 내 사랑하는 형제들아 너희가 알지니 사람마다 듣기는 속
> 히 하고 말하기는 더디 하며 성내기도 더디 하라
>
> _ 야고보서 1:19

첫 번째 명령은 '듣기는 속히 하라'는 것이다. 이 말씀은 말을 많이 하지 말고 상대방의 말을 잘 들으라는 것으로 오해할 수 있는데, 그게 아니라 하나님의 말씀을 먼저 들으라는 뜻이다. 우리는 진리로 태어난 새 생명이기 때문에 우리의 체질에는 하나님의 말씀이 딱 맞는 양식이다.

사람의 몸을 예로 들어보자. 몸이 아프거나 어딘가 문제가 생기면 가장 먼저 나타나는 증상이 무엇인가? 밥맛이 뚝 떨어진다. 아픈데도 계속 입맛이 당기는 사람은 거의 없다. 진수성찬을 차려놓아도 몸이 아프면 먹고 싶은 마음이 사라지는 것이 일반적인 현상이다. 우리 영혼에 문제가 생겼을 때도 마찬가지다. 말씀을 듣고자 하는 의욕이 싹 사라진다. 그러나 만약 영적인 목마름, 허기를 느끼지 못한다면 영혼이 죽어있거나 다른 무언가로 포만감을 얻고 있는 것이다. 당신은 어떠한가?

때가 되면 말씀에 대한 허기가 지는 것이 복인 줄을 알아야 한다. 이를 다른 말로 하면, 심령이 가난해져야 한다는 뜻이다. 항상 말씀에 목말라 있는 상태인가 아닌가로, 건강한 영혼을 지닌 사람인지 아닌지를 구분할 수 있다. 건강한 영혼을 지닌 사람이라야 성숙을 향해 나아갈 수 있다. 건강한 남자와 여자가 결합을 해야 생명이 태어나듯, 하나님께서 성령의 운동력 있는 말씀을 심으실 때 비로소 그 땅은 하나님의 말씀으로만 자라나고 열매를 맺게 된다. 이것이 원래 우리를 설계하신 하나님의 계획이다. 그런데 여기에는 한 가지 문제가 있다.

말씀을 먹어야 하는데 아쉽게도 성경에는 말씀을 어떻게 읽는지, 어떻게 공부해야 하는지 방법론에 대해서는 잘 제시되어 있지 않다. 왜 그런 것일까? 방법보다 중요한 것이 있기 때문이다. 바로 경청하는 마음이다. 우리가 누군가와 정기적으로 20년을 만난다 해도 상대방에 대해 마음을 열지 않고 수용하고자 하는 의지가 없으면 그 사람과 절대 가까워질 수 없듯, 성경 공부를 아무리 많이 해도 그 말씀을 수용하고자 하는 의지가 없으면 아무 소용이 없다는 사실을 명심해야 한다.

더디 하라

그다음 명령은 무엇인가? 성경은 "말하기는 더디 하며 성내기도 더디 하라"고 명령한다. 말하기를 더디 하는 것과 성내기를 더디 하는 것은 서로 밀접한 관련이 있다. 우선, 말을 많이 하는 사람들의 특징을 생각해보라. 말을 많이 하게 되면 자연스럽게 상대방의 말을 들을 수 없다. 또 말이 많다는 것은 기본적으로 내 의견과 주장이 많다는 뜻이다. 그런데 하나님과의 관계에서 내 의견과 주장이 많으면 어떻게 되겠는가? 하나님의 말씀을 읽기도 하고 듣기도 하며 공부도 하는데, 정작 그 말씀에 담긴 의미를 수용하려는 의지와 태도가 부족해지지 않겠는가. 이와 같이 사람 사이의 관계에서 생기는 일을 들여다보면 하나님의 말씀을 듣는 것과 말하기를 더디 하는 것이 어떤 상관관계가 있는지 알 수 있다.

기도를 예로 살펴보자. 한국 교회 성도들은 기도를 참 열심히 한다. 세계 어디를 가도 우리나라처럼 기도를 열심히 하는 그리스도인을 보기는 어렵다. 그런데 문제가 하나 있다. 기도의 첫 번째 단계는 듣기인데, 사실 우리는 듣는 것에 익숙하지 않다. 하나님 앞에 앉아서 그분의 마음을 읽고 성경을 통해 주시는 말씀을 듣는 훈련을 해야 하는데, 우리는 이러한 훈련이 잘 되어 있지 않다. 이런 모습이 신앙생활 전반에 흐르다 보니, 사람 사이에서도 자꾸 문제가 생기는 것이다. 말을 많이 하면 하나님의 말씀을 들을 여지가 생기지 않는다는 것을 기억하라.

또 성경은 무엇을 더디 하라고 하는가? "성내기도 더디 하라"고 말씀한다. 말을 많이 할 때와 마찬가지로, 우리가 분노에 사로잡힐 때도 청력이 마비된다. 내 안에 분노가 치밀어 오르면 외부에서 들려오는 다른 소리를 듣지 못한다. 그래서 결국 공동체의 균형을 잃게 하고 건강을 깨뜨려 하나님의 의를 이루지 못하게 한다. 이처럼 분노와 죄는 매우 밀접한 관계가 있음을 우리는 알아야 한다.

지금 우리나라의 모습을 한번 돌아보라. 분노 사회라 해도 과언이 아니다. 더 무서운 것은 그 분노의 화살이 불특정 다수를 향해 있는 경우가 많다는 것이다. 물론 이것을 개인의 문제로만 봐서는 안 된다. 사회 구조적·환경적 문제로 봐야 한다. 하지만 그렇다고 하여 우리의 잘못이 아주 없는 것도 아니다. 솔직히 이웃이 고통을 호소할 때 내 일이 아니라는 이유로 침묵과 방관 속에 살아가지는 않았는가? 이 시대를 살아가는 우리 모두의 공감대 안으로 들어와야 하는 문제다. 그래야 문제 해결의 실마리를 얻을 수 있다.

인간의 분노 안에는 은밀한 감정이 내재되어 있다. 잘난 체, 자기주장, 관용하지 못하는 태도, 완고함, 자기 의가 도사리고 있는 경우가 많다. 그래서 빗나간 분노는 교만과 같다. 소위 의로운 체 하는 사람들 가운데 이런 증상을 공동체 안에서 절제

없이 드러내는 경우가 굉장히 많다. 예수님도 때로는 분노하셨지만, 예수님의 분노는 철저하게 계획된 분노였다. 성전에서 상을 엎으실 때에도 채찍을 만들어 벼르고 있었다. 의도적인 분노였지 우발적으로 터뜨린 분노가 아니었다는 말이다. 우리는 대부분 아직 거룩한 분노까지는 이를 수 없는 연약한 존재이다. 때문에 우리의 분노는 결국 귀를 닫게 만든다. 내 속에 북받쳐 오르는 주장과 감정 때문에 다른 소리를 듣지 못하게 되는 것이다. 분노로 인해 하나님의 음성을 듣지 못하게 되는 이유도 같은 맥락이다. 그래서 성내기를 더디 하라고 성경은 말씀한다.

행하라

마지막 명령은 무엇인가?

> 너희는 말씀을 행하는 자가 되고 듣기만 하여 자신을 속이
> 는 자가 되지 말라_야고보서 1:22

앞에서 들으라고 했다고 듣기만 해서도 안 된다. 우리는 말씀을 행하는 자가 되어야 한다. 그리고 속이는 자가 되지 말아야 한다. 야고보는 이 말씀을 다음과 같은 비유로 설명한다.

²³누구든지 말씀을 듣고 행하지 아니하면 그는 거울로 자
기의 생긴 얼굴을 보는 사람과 같아서 ²⁴제 자신을 보고 가
서 그 모습이 어떠했는지를 곧 잊어버리거니와

_ 야고보서 1:23~24

　말씀을 듣고 행하지 않는 것을 "거울로 자기의 생긴 얼굴을
보는 사람"에 비유했다. 이 말씀을 이해하기 위해서는 1세기 당
시 거울의 상태와 용도를 알아야 한다. 요즘은 거울뿐만 아니라
스마트폰 카메라 기능을 통해서도 자신의 얼굴을 있는 모습 그
대로 볼 수 있지만, 당시 거울의 역할을 한 것은 청동이었다. 청
동을 아무리 깨끗하게 문지른 들 자신의 모습을 그대로 볼 수
있었겠는가. 아마도 희미하게 보였을 것이다. 때문에 당시에는
거울을 보려면 아주 가까이에서 자세히 들여다봐야 했다. 거울
을 자세히 들여다본 후, 얼굴에 뭐가 묻은 걸 발견했다면 닦아
야 한다. 그런데 24절을 보니, 그 모습이 어떠했는지를 돌아서
서 잊어버린다고 기록한다. 이처럼 거울을 보듯 성경을 가까이
서 자세히 들여다보고도 아무런 조치를 취하지 않는 모습을 비
유한 말씀이다.

　여기서 "자기의 생긴 얼굴"이라는 말은 정확하게 창조 때 하
나님께서 우리를 만드신 피조물 그대로의 모습을 뜻한다. 그 모

습은 죄가 들어와서 망가졌고, 그 후에 우리는 하나님께서 주신 말씀을 거울삼아 들여다보고 있다. 그렇다면, 말씀이라는 거울을 통해 우리 자신을 살핀 후에는 무엇을 해야 할까? 얼룩이 묻었다면 닦아내고, 잘못된 곳이 있다면 고쳐야 한다. 그런데 거울을 자세히 보고 나서도 얼룩을 지울 생각도, 삶을 고칠 생각도 안 하고 그대로 살아가는 우리의 모습을 24절에서 지적한 것이다.

> 자유롭게 하는 온전한 율법을 들여다보고 있는 자는 듣고 잊어버리는 자가 아니요 실천하는 자니 이 사람은 그 행하는 일에 복을 받으리라_야고보서 1:25

반면, 25절은 자신의 모습을 고치는 사람을 표현하였다. "자유롭게 하는 온전한 율법을 들여다보고 있는 자"를 "실천하는 자"라고 표현한 것이다. 적어도 그리스도의 온전한 자유의 복음으로 구속 받은 하나님의 자녀가 된 사람이라면 반드시 실천하는 자가 되어야 한다. 그런데 우리는 보고 돌아서서 잊어버리는 자가 되기 쉽다. 그래서 이렇게 장황하게 비유를 들어 설명한 것이다.

우리가 지향해야 할 삶의 표지

지금까지 살펴본 세 가지 명령을 지키려면, 우리는 어떤 삶의 표지를 가져야 할까?

> 누구든지 스스로 경건하다 생각하며 자기 혀를 재갈 물리
> 지 아니하고 자기 마음을 속이면 이 사람의 경건은 헛것이
> 라_야고보서 1:26

언어의 힘

우리가 지향해야 할 삶의 표지 첫 번째로, 혀에 재갈을 물릴 것을 말씀한다. 혀는 언어의 통로다. 언어에는 그 사람의 가치, 세계관, 관점 등 거의 모든 것이 담겨있다고 볼 수 있다. 우리는 이사야 선지자를 통해 우리가 내뱉는 말이 얼마나 중요한지 엿볼 수 있다. 이사야서는 웃시야 왕이 52년을 통치한 후 나병에 걸려 죽은 후 일어난 일을 기록하고 있다.

유다는 52년간 매우 부강한 나라였으나, 웃시야가 죽고 나서 궁궐 안팎에서 부정적인 소리와 절망이 쏟아졌다. 그때 백성들을 대표하는 선지자가 그들과 같은 심정과 무너지는 마음으로 하나님 앞에 나왔다. 하나님께서 그때 이사야에게 하늘 보좌를

보여주시는데, 하나님께서 입으신 옷자락이 지상 성전까지 드리워져 있었다. 이게 무슨 뜻인가? 하나님께서는 모든 백성이 절망하여 불신의 목소리를 쏟아내고 있는 그때에도 살아 계셔서 통치하시고 경영하시며 심판하신다는 뜻이다. 그것을 이사야에게 직접 보여주신 것이다. 실제보다 더 생생한 하나님께서 통치하시는 역사의 그림을 본 이사야의 입에서 가장 먼저 터져 나온 말은 다음과 같다: "화로다 나여 망하게 되었도다 나는 입술이 부정한 사람이요 나는 입술이 부정한 백성 중에 거주하면서 만군의 여호와이신 왕을 뵈었음이로다 하였더라"(사 6:5).

그는 스스로 입술이 부정한 자라고 고백한다. 자신과 백성들이 하나님과 시대에 대해 입으로 범죄했다는 말이다. 그래서 하나님께서는 천사를 통해 이사야가 저지른 입술의 죄를 사하신 후 죄 많은 세상을 향해 그를 보내신 것이다. 그만큼 제어를 잘해야 하는 것이 바로 '혀'다. 혀에 재갈을 물린다는 것은 우리가 사용하는 언어를 통제한다는 뜻이다. 언어에는 영혼을 살리기도 하고 죽이기도 할 만한 힘이 있다. 그러므로 우리는 흉내라도 욕이나 상스러운 표현을 해서는 안 된다.

구원을 확대해 나가는 순종, 구제
그다음으로 지향해야 할 삶의 표지는 27절에 나온다.

하나님 아버지 앞에서 정결하고 더러움이 없는 경건은 곧
고아와 과부를 그 환난중에 돌보고 또 자기를 지켜 세속에
물들지 아니하는 그것이니라 _야고보서 1:27

　야고보가 살던 시대에는 핍박과 고난에 내몰려 험난한 인생
을 사는 과부와 고아가 많았다. 이들은 대부분 각지에서 모인
나그네였다. 나그네, 고아, 과부는 하나님의 특별한 애정의 대
상이었다. 심지어 가난한 자에게 꾸어주는 것은 내가 너희에게
꾸는 거라고 하실 정도로 그들을 특별하게 생각하셨다. 그 이유
가 뭘까? 이 세 종류의 인생에는 누군가의 도움과 긍휼 없이는
존재할 수 없다는 공통점이 있다. 이 모습은 우리의 모습을 상
징하기도 한다.

　그리스도의 성육신과 긍휼이 없으면 죽을 수밖에 없는 인생
이 우리의 인생이었다. 그런데 그분이 우리와 같은 모습으로 찾
아오셔서 나를 구원하고 구제해주신 것이다. 그러므로 기독교
에서 말하는 구제는 다른 종교에서 말하는 구제와는 근본적으
로 다르다. 우리가 그리스도인으로서, 교회 성도로서 해야 하는
구제는 윤리적 차원에서 베푸는 것이 아니라 복음을 선포하는
것이다. '나도 그 자리에 있었는데, 하나님이 우리를 이렇게 구
원하셨다'는 사실을 전하고 확대해 나가는 순종이 바로 구제다.

27절에서 또 한 가지를 실천 사항으로 강조하고 있는데, 그건 바로 '자기를 지켜 세속에 물들지 않는 것'이라고 말씀한다.

내가 어릴 때 친구 한 명이 연탄 공장 근처에 살았다. 그 친구와 종종 연탄 공장에 들어가서 놀았는데, 연탄 가루를 묻히지 않으려고 연탄 가루가 쌓여 있는 곳을 피해 매우 조심스럽게 다녔다. 그런데 아무리 연탄 가루가 쌓여 있는 곳을 피해 다녀도 그 공간은 전부 연탄 가루가 날아다니기 때문에 돌아와서 보면 꼭 어딘가에는 연탄 가루가 옷에 묻어 있었다. 옷뿐만 아니라 콧구멍까지 새까매져 있었다. 이 세상에서 살아가는 일도 마찬가지다. 오염이 가득하고 기본적으로 뒤틀린 세상에서 보혈의 피를 힘입은 그리스도인들이 경건한 사람으로 버텨내는 것은 쉬운 일이 아니다. 그러나 방법이 없는 것은 아니다. 하나님의 말씀으로 더러운 얼룩을 매일 씻어내면 된다. 격렬한 싸움을 해서라도 얼룩을 씻어내라는 것이 바로 세 번째 삶의 표지다.

지금까지 말한 세 가지 실천 사항, 즉 혀에 재갈을 물리고 고아와 과부와 나그네를 돌보며 개인의 경건을 위해 하나님의 말씀으로 얼룩을 매일 씻어내는 것이 바로 교회의 DNA다. 이 세 가지 명령을 청종하여 하나님의 장성한 분량에까지 이르는 지혜가 있기를 바란다.

야고보서 2:1~7

1 내 형제들아 영광의 주 곧 우리 주 예수 그리스도에 대한 믿음을 너희가 가졌으니 사람을 차별하여 대하지 말라

2 만일 너희 회당에 금 가락지를 끼고 아름다운 옷을 입은 사람이 들어오고 또 남루한 옷을 입은 가난한 사람이 들어올 때에

3 너희가 아름다운 옷을 입은 자를 눈여겨 보고 말하되 여기 좋은 자리에 앉으소서 하고 또 가난한 자에게 말하되 너는 거기 서 있든지 내 발등상 아래에 앉으라 하면

4 너희끼리 서로 차별하며 악한 생각으로 판단하는 자가 되는 것이 아니냐

5 내 사랑하는 형제들아 들을지어다 하나님이 세상에서 가난한 자를 택하사 믿음에 부요하게 하시고 또 자기를 사랑하는 자들에게 약속하신 나라를 상속으로 받게 하지 아니하셨느냐

6 너희는 도리어 가난한 자를 업신여겼도다 부자는 너희를 억압하며 법정으로 끌고 가지 아니하느냐

7 그들은 너희에게 대하여 일컫는 바 그 아름다운 이름을 비방하지 아니하느냐

07

차별이
왜 죄가
되는가

몇 해 전 차별에 대한 주제로 각색한 짧은 영상 하나가 화제였다. 그 영상 속에는 교회에 다니는 사람들이 외모로 사람을 차별하는 모습이 적나라하게 드러났는데, 이는 마치 오늘날 한국 교회에 경종을 울리는 듯했다. 영상의 내용을 잠시 요약하면 다음과 같다.

영상은 한 노숙자 차림의 남성이 교회 주변을 돌아다니는 장면으로 시작한다. 그러나 주일에 예배를 드리기 위해 교회를 찾은 수많은 사람들 중 딱 한 명만 그에게 인사를 건넸고, 나머지 사람들은 교회 안으로 서둘러 발걸음을 옮겼다. 그는 먹을 것을 사기 위한 돈을 요구했으나, 아무도 돌아보지 않았다. 예배 시간이 다가오자 노숙자 차림을 한 남성도 교회 안으로 들어가서 자리를 잡고 앉았다. 그러자 곧 안내위원이 다가와 자리를 뒤쪽으로 옮길 것을 권했다. 사람들은 그를 불쾌한 눈초리로 바라보았다. 그는 뒤쪽에 앉아 안내방송을 들었다. 새로 부임한 목사를 소개한다는 방송이 나왔고, 사람들은 열렬한 박수를 보냈다. 그는 박수 소리를 들으며 단상 앞으로 걸어 나갔고, 이에 사람들은 깜짝 놀랐다. 목사가 노숙인으로 변장해 그들 가운데 있을 거라고는 상상도 하지 못했기 때문이다. 박수 소리가 멎고 사람들의 시선이 노숙인 차림의 목사에게 고정되었다. 앞으로 나간 목사는 그날 아침 자신이 경험한 이야기를 앉아 있는 성도들에게 들려주었다. 그리고 그는 다음과 같이 말했다: "저는 여러분이 집으로 돌아가 오늘 아침에 있었던 일을 곰곰이 되돌아보기 바랍니다. 그리고 여러분의 심성을 검증해보세요. 다음 주일에 뵙겠습니다." 많은 사람이 고개를 숙이고 흐느끼기 시작했다. 그리고 서로를 보며 자신의 불친절함을 깨달았다. 영상은 '당신이 교회에 오래 다녔다는 사실, 구원받았다고 생각하는 것이 중요한 것이 아니라 당신이 무엇을 하고 어떻게 사람들을 대하는지가 가장 중요한 것'이라는 메시지로 마무리된다.

실제 상황인지 아니면 연출된 것인지에 상관없이 이 영상은 상당히 중요한 메시지를 우리에게 주고 있다. 이번 장에서는 우리가 얼마나 아무렇지 않게 말씀을 거스르고 있는지를 살펴보고자 한다. 나아가 과연 이러한 차별까지 '죄'라고 규정할 수 있을지에 대해서도 나눠보고자 한다.

우리의 모습

우리 사회에는 수많은 종류의 차별이 존재한다. 삶 전체가 차별로 이루어졌다고 해도 과언이 아닐 정도로 차별하는 세상에 살고 있다. 외모, 비정규직, 외국인 노동자, 남자와 여자에 대한 차별은 기본이고, 지역에 따른 차별과 사회적 약자를 돕는 시설을 혐오 시설이라고 부를 정도로 구석구석 차별이 존재하지 않는 곳을 찾아보기 어려울 정도다.

나는 장애인 교회에서 첫 사역을 시작하였다. 젊은 시절, 10년이 넘는 세월을 그들과 함께 보냈다. 하루는 추운 겨울에 앞을 보지 못하는 목사님을 모시고 심방을 다녀오려고 하는데, 버스 정류장 앞에 아무리 서 있어도 버스가 우리를 태워주지 않고 그냥 지나가 버렸다. 택시들도 우리 앞에 섰다가 창문을 내리고 목사님이 선글라스를 끼고 지팡이를 든 모습을 보고는 침까지 뱉고 가버렸다. 속된 말로 '재수 없다'는 거다. 20대 젊은 나이에 이런 일들을 혹독하게 겪다 보니, 이 사회가 아직도 갈 길이 멀었다는 생각이 들었다.

영광의 개념

성경은 사람을 차별하여 대하는 것을 성품이나 인격의 문제가 아닌, 정확히 '죄'로 보고 있다. 나아가 그리스도를 부정하는 일이라고 말한다.

> 내 형제들아 영광의 주 곧 우리 주 예수 그리스도에 대한 믿음을 너희가 가졌으니 사람을 차별하여 대하지 말라
>
> _야고보서 2:1

이 메시지를 잘 이해하기 위해서는 '영광의 주'라는 개념을 정확히 이해해야 한다. 왜냐하면 그래야 차별이 왜 무서운 죄인지를 우리가 잘 이해할 수 있기 때문이다. 먼저, 고린도후서 8장 9절을 살펴보자.

우리 주 예수 그리스도의 은혜를 너희가 알거니와 부요하
신 이로서 너희를 위하여 가난하게 되심은 그의 가난함으
로 말미암아 너희를 부요하게 하려 하심이라_ 고린도후서 8:9

만물의 주인이신 예수님께서는 모든 걸 내려놓으시고, 죄인
의 형상을 입고 이 땅에 오셔서 낮아지셨다. 이유는 단 하나! 우
리를 부요하게 하시기 위해서다. 이것은 하나님의 계획이고 뜻
이었다. 원래 우리는 하나님의 형상으로 지음 받았다. 그리고
그 하나님의 형상이 가장 온전하고 완전하게 드러난 실체가 바
로 예수 그리스도다. 그래서 예수님께서는 '나를 본 자는 아버
지를 보았다'(요 14:9)고 말씀하신 것이다.

앞 장에서 살펴봤듯이 하나님께서는 진리의 말씀으로 우리
에게 새 생명을 주셨기에, 우리 안에는 이미 말씀이라는 DNA가
심겨져 있다. 그러면 우리는 인생을 통해 진리의 말씀에 해당하
는 모습이 드러나야 정상이지 않을까? 고린도후서 4장 4절과 6
절의 말씀을 통해 '영광'에 대해 좀 더 살펴보자.

그 중에 이 세상의 신이 믿지 아니하는 자들의 마음을 혼미
하게 하여 그리스도의 영광의 복음의 광채가 비치지 못하
게 함이니 그리스도는 하나님의 형상이니라_ 고린도후서 4:4

여기서 "그리스도의 영광의 복음의 광채가 비치지 못하게"라는 표현이 나온다. 하나님의 형상이 그리스도에게 그대로 반영됐고 우리가 그리스도의 은혜로 거듭난 생명이라면, 우리 안에는 자연히 그리스도의 형상이 그대로 반영되어야 한다. 그것이 바로 성경이 말씀하는 영광이다.

> 어두운 데에 빛이 비치라 말씀하셨던 그 하나님께서 예수 그리스도의 얼굴에 있는 하나님의 영광을 아는 빛을 우리 마음에 비추셨느니라_고린도후서 4:6

하나님께서 예수 그리스도의 얼굴에 있는 하나님의 영광을 아는 빛을 우리에게 주셨다고 말씀한다. 그러면 자연히 우리에게 그리스도의 영광의 광채가 반영되어야 하는게 아닌가? 그리스도의 영광이 무엇인가?

재차 강조하지만, 자기를 비워내서 낮아짐으로 우리를 부요하게 하시는 것이다. 이처럼 '영광의 주'라고 하는 것이 단순히 높임 받고 칭송 받는 주님이시라는 뜻이 아니라는 점을 우리가 확실히 알아야 한다.

차별과 판단

> ²만일 너희 회당에 금 가락지를 끼고 아름다운 옷을 입은 사람이 들어오고 또 남루한 옷을 입은 가난한 사람이 들어올 때에 ³너희가 아름다운 옷을 입은 자를 눈여겨 보고 말하되 여기 좋은 자리에 앉으소서 하고 또 가난한 자에게 말하되 너는 거기 서 있든지 내 발등상 아래에 앉으라 하면 ⁴너희끼리 서로 차별하며 악한 생각으로 판단하는 자가 되는 것이 아니냐_야고보서 2:2~4

이 말씀은 당시 일상에서 흔히 볼 수 있었던 모습을 묘사한다. 서로 차별하고 악한 생각으로 판단하는 일 말이다. 여기서 '차별'은 야고보서 1장 6절에서 사용된 '의심'과 같은 단어다.

> 오직 믿음으로 구하고 조금도 의심하지 말라 의심하는 자는 마치 바람에 밀려 요동하는 바다 물결 같으니
>
> _야고보서 1:6

의심을 무엇에 비유했는가? 바람에 밀려 요동하는 바다 물결에 비유했다. 바람과 바다 두 힘이 맞부딪혀 그 물리력에 의해

풍랑이나 파도가 만들어지는 것을 의심이라고 표현한 것이다. 이것을 왜 차별과 같은 단어로 썼을까? 이는 우리가 익히 알고 있는 사실과 우리 안의 본성을 들여다보면 알 수 있다.

우리는 사람은 누구나 평등하게 대해야 한다는 사실을 머리로는 알고 있지만, 사실 모든 사람을 똑같이 대하지는 않는다. 그것이 우리의 본성이기 때문이다. 알고 있는 것과 본성, 이 두 마음이 맞부딪혀 차별이 일어난다. 그래서 의심과 차별이 같은 단어로 쓰인 것이다. 즉 안에서 두 힘이 작용하고 있는 것인데, 이것을 야고보는 '나누어진 충성'이라고 말한다.

또한 야고보는 차별과 판단을 함께 이야기한다(약 2:4). 우리는 차별을 할 때 판단을 근거로 한다. 자신이 마치 판단하는 직책을 가진 자처럼 판단을 하고, 그 결과로 차별이 만들어지는 것이다. 그런데 이것이 왜 죄일까?

세상의 이치는 모두 가변적이다. 이것을 가장 빠르게 알 수 있는 방법은 5년, 10년 전에 자신이 쓴 글을 다시 읽어보는 것이다. 자신이 쓴 글임에도 '내가 이런 생각을 했었나?' 하며 머리를 긁적인 경험이 한 번은 있을 것이다. 이처럼 지금은 맞고, 그때는 틀린 것이 세상 돌아가는 모습이다.

살다 보면 처음에는 표면적인 것만 보다가 시간이 지나야 서

서히 실체를 보게 되는 일들이 많다. 그래서 인간은 예전에 한 일에 대해 후회를 쏟아낼 수밖에 없는 존재다. 그럼에도 우리가 계속 판단하는 자리에서 차별을 만들어낸다면, 그것은 하나님을 대신하겠다는 뜻밖에 안 된다. 결국 우상숭배가 되고 마는 것이다. 이것은 정확히 그리스도의 주 되심을 부정하는 행동이며, 하나님의 주권을 무시하는 행동이라 할 수 있다.

왜 분노가 들끓는 사회가 형성되는지를 추적해보면, 우리가 세상을 대하는 태도가 어떠한지 역으로 알 수 있다. 분노 사회는 나쁜 행동을 하는 한 개인의 문제로 형성되는 것이 아니다. 차별받는 사람들에게 관심을 기울이지 않는 우리의 태도가 낳는 문제다. 따라서 철저히 구조의 문제, 공동체의 문제로 끌어안고 인간을 들여다봐야 한다. 이번 장을 시작하면서 소개한 영상에서도 느꼈겠지만, 교회 안에서도 크고 작은 차별이 일어나고 있다.

예수님의 십자가 앞에서 죄인들은 더 이상 내세우고 자랑할 것이 없어진다. 자신의 배경이나 사회적 지위를 근거로 누군가보다 더 우월하다는 생각을 갖지 못하게 된다. 그럼에도 이 사회는 수많은 차별로 가득 차 있다. 낮아짐으로 영광스럽게 되신 예수님으로 인해 부요함을 입은 우리는, 이제 나눔과 낮아짐의 자리로 떠나야 마땅하다. 그 차별을 회복하는 것이 우리가 해결해야 하는 큰 과제 중 하나다.

시대적 명령

야고보가 편지를 보내는 교회들에도 이런 차별의 문제들이 있었던 것 같다. 신앙 공동체에서 나타나는 차별은 말 그대로 불신앙일 뿐이다. 그들이 영광의 주를 알지 못한다는 것을 폭로할 뿐이다. 말씀 앞에 깨어있지 않으면 이러한 차별적 태도는 하나의 문화로 자리 잡아 버린다. 야고보는 이러한 문화에 젖어 사는 사람들에게 경종을 울리기 위해 아무도 돌아보지 않는 여성을 일부러 거론하는 등 특별히 더 신경을 썼다. 당시 여성의 지위는 지금과는 비교할 수 없을 정도로 비천했다. 그러한 여성이 남편이라도 잃게 되면 살 길을 찾기가 어려워지는 존재가 되었다. 특히 예수를 믿는다는 것은 경제적인 궁핍을 각오하고 나서는 길이었기에, 당시에는 생계를 넘어 생존에 어려움을 겪는 여성들이 많았다. 그런 시대에 야고보는 아무도 돌아보지 않는 여성을 일부러 거론한다.

¹⁵만일 형제나 자매가 헐벗고 일용할 양식이 없는데 ¹⁶너희 중에 누구든지 그에게 이르되 평안히 가라, 덥게 하라, 배 부르게 하라 하며 그 몸에 쓸 것을 주지 아니하면 무슨 유익이 있으리요 _ 야고보서 2:15~16

다른 사도들은 보통 서신을 쓸 때 모든 그리스도인을 총칭해 형제라고 썼다. 그 안에 남자와 여자가 모두 포함된다는 것을 누구나 아는 시대였기 때문이다. 그런데 가끔 야고보처럼 형제와 자매를 구분해서 쓴 경우가 있다. 여성을 일부러 강조하고 있는 것이다. 이는 구제에 있어 배제 되는 사람이 있어서는 안 된다는 강한 표현이기도 하다.

히브리 사람들에게 일용할 양식은 오늘의 양식만이 아니라 미래의 양식까지 포함된다. 때문에 오늘의 양식조차 없다는 것은 은유적으로 희망이 없다는 것을 뜻한다. 오늘의 어려움보다 힘든 것은, 내일도 소망이 없다는 것이다. 이것은 오늘날에도 쉽게 볼 수 있는, 고단하고 정처 없는 삶을 살아가는 우리와 공통된 모습이다. 여튼 남자이건 여자이건 상관없이, 헐벗고 일용할 양식이 없는 그들에게 어떻게 하라고 성경은 말씀하는가? 그 몸에 쓸 것을 주라! 그들을 돌아보는 것이 당시 교회 공동체의 과제였다.

야고보의 때나 지금이나 이것은 준엄한 시대적 명령이기도 하다. 예수님의 말씀처럼 가난한 자는 항상 우리 곁에 있다. 그러므로 교회는 그들의 현재와 미래에 대해 관심을 갖는 것을 넘어 실제적으로 몸에 쓸 것을 주어야 한다. 구제하는 손을 게을리 해서는 안 된다. 그러나 안타깝게 구제조차도 관념화해버리는 경우가 비일비재한 것이 우리의 현실이다. 관념화된 현실을 뛰어넘기 위해 우리는 무엇을 해야 할까? 이 과제를 해결해 나가는 여정이 우리 삶의 지표가 되어야 하지 않을까?

> 너희 중에 누구든지 그에게 이르되 평안히 가라, 덥게 하라, 배부르게 하라 하며 그 몸에 쓸 것을 주지 아니하면 무슨 유익이 있으리요_야고보서 2:16

여기서 "평안히 가라"는 말을 얼핏 인사와 복을 빌어주는 것처럼 느낄 수 있다. 하지만 사실 이 말은 '당신과 나의 관계는 여기까지니까 평안히 가라'는 뜻이다. 이는 매우 비열하고 냉소적인 표현이다. 이 말을 하는 사람은 상대의 필요를 구체적으로 알고 있기에 더더욱 그렇다. 그럼에도 필요를 채워주지 않고, '우리는 여기까지인 것 같다. 당신의 허기가 채워지도록 기도 많이 하겠다'라고 말하는 것이다.

종교의 껍데기로 포장하는 이런 행동을 오늘날 교회는 절대로 해서는 안 될 것이다. 우리는 더 이상 공동체의 책임을 개인에게 미뤄서는 안 된다. 주위를 둘러보고 당장 움직이지 않으면 이 사회는 더욱 악으로 치닫게 될 것이다.

우리는 차별과 혐오가 중요한 사회 이슈로 떠오른 시대에 살고 있다. 하나님의 말씀은 야고보의 때나 지금이나 변함없는 진리다. 영광의 주 예수 그리스도에 대한 믿음을 가진 교회와 성도가 어떻게 살아가야 할 것인지에 대한 답은 분명하다. 이제 우리의 태도가 변화되고, 손발이 바삐 움직일 일만 남았다.

야고보서 3:1~6

1 　　내 형제들아 너희는 선생된 우리가 더 큰 심판을
　　　받을 줄 알고 선생이 많이 되지 말라

2 　우리가 다 실수가 많으니 만일 말에 실수가 없는 자라면
　　　곧 온전한 사람이라 능히 온 몸도 굴레 씌우리라

우리가 말들의 입에 재갈 물리는 것은 우리에게
순종하게 하려고 그 온 몸을 제어하는 것이라 　　**3**

4 　또 배를 보라 그렇게 크고 광풍에 밀려가는 것들을
　　　지극히 작은 키로써 사공의 뜻대로 운행하나니

이와 같이 혀도 작은 지체로되 큰 것을 자랑하도다 보라
얼마나 작은 불이 얼마나 많은 나무를 태우는가 　　**5**

　　　혀는 곧 불이요 불의 세계라 혀는 우리 지체 중에
6 　서 온 몸을 더럽히고 삶의 수레바퀴를 불사르나니
　　　그 사르는 것이 지옥 불에서 나느니라

08

말,
말,
말

"말은 사람을 떨어뜨리려 하고, 사
람은 절대 떨어지지 않으려고 버티는 상황. 결국에는 고삐를 움
켜쥔 인간이 승리하게 되죠. 고삐는 말을 조종하기 위해 기원전
3,500년부터 이용한 도구입니다. 말의 입안 구조에 맞게 만들어
졌죠." 이는 말(馬)에 대해 다룬 한 다큐멘터리의 내레이션이다.

우리는 말의 신체 부위 중 가장 힘이 센 곳을 다리라고 생각하
기 쉽다. 그런데 알고 보면, 말은 목에 가장 강력한 힘을 가지고
있다. 목의 힘은 말 전체의 몸무게를 떠받칠 정도로 강력하다.

또 말은 자기 고개가 돌아간 방향으로 달리는 습성을 갖고 있다. 그래서 사람들은 말의 머리에 물린 재갈로, 고삐로 방향을 틀어 말을 제어한다. 제어 능력과 방향성, 이 두 가지가 재갈이 갖는 위력이다. 이 두 가지는 언어가 갖는 위력과도 같다.

우리가 언어, 즉 혀를 어떻게 사용하는지에 따라 인생이 가는 방향도 달라진다. 커다란 배가 작은 키 하나의 움직임에 따라 항해하는 길이 달라지는 것과 같이, 작은 혀의 움직임에 따라 우리의 인생 전체가 달려가는 길이 달라지는 것이다.

> [3]우리가 말들의 입에 재갈 물리는 것은 우리에게 순종하게 하려고 그 온 몸을 제어하는 것이라 [4]또 배를 보라 그렇게 크고 광풍에 밀려가는 것들을 지극히 작은 키로써 사공의 뜻대로 운행하나니 [5]이와 같이 혀도 작은 지체로되 큰 것을 자랑하도다 보라 얼마나 작은 불이 얼마나 많은 나무를 태우는가_야고보서 3:3~5

오래 전, 등산객이 무심코 버린 담배 불씨 하나가 태백산줄기를 거의 한 달간 태운 일이 있었다. 수십 년에서 수백 년간 자란 나무들이 순식간에 재가 되어 버렸다. 캘리포니아 같은 곳은 산불이 나면 규모가 워낙 커서 스스로 꺼질 때까지 기다리는 수밖에 없다고 한다. 그런데 그 산불의 발화지점에 가서 조사를 해 보면 가끔 건조한 날씨 때문에 작은 나뭇가지들이 바람에 부딪혀서 스파크가 일어나 큰 불이 나는 경우도 있다고 한다. 이처럼 작은 것이 어마어마한 파괴력을 갖기도 한다. 야고보는 여러 가지 비유를 들어 우리의 혀가 얼마나 큰 파괴력을 갖는지 친절하게 설명한다.

말의 방향성

어느 젊은 부부가 유학을 갔다. 남편은 공부를 하고, 아내는 남편을 위해 자신의 꿈을 접고 남편 학자금을 마련하느라 새벽부터 밤까지 일을 했다. 이러한 아내의 수고로 남편이 학위를 받아 귀국해 대기업에 취직을 했다. 이제 부부에게 먹고살 만한 여유가 생겼다. 그러던 어느 날 부부싸움을 하다가 남편이 아내에게 "너 같은 건 이제 필요 없어!"라고 쏘아붙였다. 아내는 그 한 마디 말에 영혼이 빠져나가는 경험을 했다. 말 한 마디로 한 자매의 일생이 황폐하게 된 것이다.

말에는 이처럼 한 사람의 일생을 바꿀 만한 힘이 있다. 그렇기 때문에 언어의 문제를 단순히 인격이나 성품의 문제로 봐서는 안 된다. 우리는 말이 갖는 방향성이 삶을 온전히 이루어가는 데 매우 중요하다는 사실을 기억해야 한다. 인류의 첫 번째 타락의 증거가 무엇인가? 바로 언어다. 언어에서부터 그 증거가 나타난다. 창세기 3장 12절을 보라.

> 아담이 이르되 하나님이 주셔서 나와 함께 있게 하신 여자 그가 그 나무 열매를 내게 주므로 내가 먹었나이다
>
> _창세기 3:12

이것은 아담이 범죄하고 나서 처음으로 하나님의 질문 앞에 타락한 심성을 가지고 꺼내놓은 자기표현이다. 왜 그랬냐는 질문에 아담은, "나와 함께 있게 하신 여자" 때문이었다고 대답한다. 이건 단순히 여자 핑계를 댄 것이 아니다. 아담은 그 여자를 주신 하나님에게까지 그 책임을 전가한 것이다. 이것이 바로 인류 최초의 죄다.

아담은 하나님께서 만드신 하와를 처음 보았을 때 '뼈 중의 뼈, 살 중의 살'(창 2:23)이라는 놀라운 고백을 했다. 그런데 자신이 곤경에 처하자, 바로 그 여자가 열매를 줘서 이 지경이 됐다고 책임을 떠넘겼다.

사도 바울은 "깨어 믿음에 굳게 서서 남자답게 강건하라"(고전 16:13)고 말했다. 당시 히브리 사람들은 성숙하다는 개념을 남자답다고 표현하였다. 여자는 수에 들어가지 않았기에, 여기서 남자는 생물학적인 남자를 일컫는다기보다는 사실 온전한 성인의 모습, 성숙, 성장과 같은 개념으로 사용한 것이다. 무슨 말이고 하니, 바울은 당시 분파 문제가 매우 심했던 고린도 교회를 향해 이제는 좀 성숙해지라고 권면을 한 것이다.

둘째 아담이신 예수님은 첫째 아담이 책임을 하나님께 떠넘긴 것과 상반된 모습을 우리에게 보이셨다. 인간의 거짓과 모함과 위법 앞에서 그들을 욕하지 않고 잠잠히 책임을 전부 움켜쥐고 십자가에 죽으시면서 저들을 용서해달라고 기도하셨다. 그분은 결코 책임을 질 만해서 진 것이 아니다. 우리를 구원하시기 위해 책임을 떠안으신 것이다. 그 입을 열지 않고 마지막까지 잠잠히 인간을 사랑으로 품어내고 승리하셨다. 구원은 이렇게 언어의 타락에서 시작해 언어의 승리로 완성된다.

내 귀에 들린 대로

야고보는 언어 문제에 있어 가장 조심해야 할 대상을, 말씀을
가르치는 자로 보았다.

> 내 형제들아 너희는 선생된 우리가 더 큰 심판을 받을 줄 알
> 고 선생이 많이 되지 말라 _야고보서 3:1

당시에는 지금처럼 신학교를 졸업해서 목사가 되어 가르치
는 식으로, 직분이 명확히 서 있는 때가 아니었다. 사도들 혹은
개인적으로 가르침을 받았던 사람들이 교회에서 책임을 맡아
말씀을 가르쳤다. 때문에 성도들 중에 자신이 경험한 것과 가르
치는 사람의 말이 다르다고 생각되면, 이스라엘 백성들이 모세
를 공격했듯이 가르치는 자들을 깎아내리는 일들이 벌어지곤
했다. 또 공격하는 데서 끝나는 것이 아니라 사적인 모임에서
자신의 주관적인 깨달음을 전파하기까지 했다. 그러면서 자연
히 교회 안의 가르침에 혼선이 빚어졌다. 이 글을 읽는 첫 번째
독자들의 공동체에서도 이런 혼란과 위기가 발생했다. 이 일은
말과 언어로 인해 벌어졌기에, 야고보가 언어를 신중하게 사용
하라고 강력하게 경고를 할 수밖에 없었다.

이러한 염려는 야고보만이 아니었다. 사도 바울도 그 부분을 염려했다는 점을 알 수 있는 대목이 있다. 바울이 후배 디모데에게 남긴 말 중 다음과 같은 말씀이 있다.

> 너는 진리의 말씀을 옳게 분별하며 부끄러울 것이 없는 일꾼으로 인정된 자로 자신을 하나님 앞에 드리기를 힘쓰라
>
> _디모데후서 2:15

여기서 '옳게 분별하라'는 말은 바르게 자른다는 의미다. 이 단어는 토목공사와 관련하여 길을 바로 내라는 뜻이다. 로마 시대에는 병력을 전장에 보내기 전에 길부터 닦았다. 앞서 길을 내는 사람이 바르게 내지 않으면, 그 길을 따라 걷던 모든 사람들이 위험에 빠질 수 있었다. 즉, 당시 길을 내는 일은 여러 사람의 목숨이 달린 일이었던 것이다. 바울은 말씀을 바르게 전하는 일이 그만큼 중요하기에, 길을 내는 일에 비유하여 권면하였다.

말실수는 상황이 어려울 때보다 순탄할 때 많이 하게 된다. 그리고 소원한 사이보다 익숙한 사람에게 많이 하게 된다. 배우자나 친한 친구 사이에 벌어지고 있는 언어의 패턴을 생각해보라. 사적인 자리이든, 공개적인 자리이든 누군가를 폄하하는 것은 마귀의 스타일이다. 우리는 하나님의 걸작품인 타인을 공격하

는 일을 중단해야 한다. 하나님께서 심히 좋았다고 하신 작품을 욕하는 것은 공동체를 가치 없게 만드는 자해행위와 같다. 특히, 젊은 부부들은 신혼 때부터 서로에게 품격 있는 언어를 사용하는 훈련을 해야 한다. 앞서 살펴봤듯이 나도 모르는 사이에 언제든지 상대의 인격을 모독하는 한 마디가 튀어나올 수 있기 때문이다.

출애굽기를 보면, 하나님께서 우리가 하는 '말'을 어떻게 대하시는지 나와 있다. 여호수아와 갈렙은 '그 땅을 하나님께서 주셨으니 우리가 들어가기만 하면 하나님의 약속에 따라 반드시 그 땅을 차지할 수 있습니다'라고 고백했다. 나머지 열 명의 정탐꾼은 어땠는가? '안 됩니다. 못합니다'만 외쳤다. 이 고백이 왜 중요할까?

> 그들에게 이르기를 여호와의 말씀에 내 삶을 두고 맹세하
> 노라 너희 말이 내 귀에 들린 대로 내가 너희에게 행하리
> 니_민 14:28

하나님께서 백성들의 말을 그냥 들으시는 것이 아니라 일일이 세고 계신다는 뜻이다. 결과적으로, 여호수아와 갈렙만 그

땅에 들어가지 않았는가. 그래서 야고보는 언어의 문제를 단순히 인격의 문제로만 보지 않은 것이다. 그리스도인이라면 반드시 드러나야 하는 열매가 이 언어의 열매다.

우리의 언어가 그리스도라는 생명에 뿌리를 내리고 있는지 돌아봐야 한다. 우리 안에서 세상을 살려내고, 속한 공간을 따뜻하게 하는 생명의 언어가 나오고 있는가? 이것은 긍정적인 마인드를 가지라는 차원의 권고가 아니다. 내가 어디에 뿌리를 두고 있는가를 살펴야 하는 문제다. 성경은 사망에 뿌리를 두고 있는 자를 다음과 같이 그리고 있다.

혀는 곧 불이요 불의의 세계라 혀는 우리 지체 중에서 온 몸을 더럽히고 삶의 수레바퀴를 불사르나니 그 사르는 것이 지옥 불에서 나느니라_야고보서 3:6

방향을 잘못 잡은 혀는 불의의 세계, 즉 사탄의 세계다. 우리의 언어가 말씀이라는 거울 앞에서 생명에 뿌리를 둔 세상을 살려내는 언어인지, 세상을 파괴하고 자신조차 불의의 세계로 끌고 가는 언어인지를 알고 신중하게 사용해야 한다. 언어는 우리의 근본을 드러낸다.

야고보서 3:13~18

13 너희 중에 지혜와 총명이 있는 자가 누구냐 그는 선행으로 말미암아 지혜의 온유함으로 그 행함을 보일지니라

14 그러나 너희 마음 속에 독한 시기와 다툼이 있으면 자랑하지 말라 진리를 거슬러 거짓말하지 말라

이러한 지혜는 위로부터 내려온 것이 아니요 땅 위의 것이요 정욕의 것이요 귀신의 것이니 **15**

16 시기와 다툼이 있는 곳에는 혼란과 모든 악한 일이 있음이라

오직 위로부터 난 지혜는 첫째 성결하고 다음에 **17**

18 화평하고 관용하고 양순하며 긍휼과 선한 열매가 가득하고 편견과 거짓이 없나니 화평하게 하는 자들은 화평으로 심어 의의 열매를 거두느니라

09

실천의
흔적

어느 감옥에 죄수 한 명이 들어왔다. 교도관이 며칠 살펴보니 참 성실하고 착한 사람이었다. 하지만 그는 글을 읽고 쓸 줄 몰랐다. 그래서 교도관은 틈나는 대로 그에게 글을 가르쳤다. 죄수가 출소할 때 교도관은 '이제 글도 배웠으니 다시 감옥에 들어오면 안 된다. 이제 밖에서 만나자'라며 그를 격려했다. 마음이 얼마나 뿌듯했는지 모른다. 그런데 얼마 후 그가 또 죄를 지어 들어왔다. 죄목을 보니 공문서 위조였다.

지어낸 이야기지만, 우리에게 시사하는 바가 크다. 교도관은 그가 글자를 몰라 죄를 지었다고 생각해서 글자를 가르쳐 내보냈다. 그런데 글자를 이용해 전혀 다른 죄를 지은 것이다. 그 죄수는 지식이 아니라 지혜가 없었던 것이다.

앞서 3장에서 살펴본 것처럼 지혜는 단순히 하나님에 대한 정보를 듣고 안다는 차원이 아니라 그것을 삶의 자리까지 녹여내는 것을 말한다. 따라서 우리가 적어도 하나님에 대한 지혜가 있다고 할 때는 삶의 전방위적인 영역에서 그분의 말씀에 순종하고 살아낸 실천의 흔적을 갖고 있어야 한다.

온유하다는 것은

우리는 모두 하늘의 지혜로 살고 싶은 열망은 있지만, 우리의 본성은 땅의 지혜로 가득한 것이 현실이다. 이 땅에서 하늘의 지혜로 사는 방법은 무엇일까?

> 너희 중에 지혜와 총명이 있는 자가 누구냐 그는 선행으로 말미암아 지혜의 온유함으로 그 행함을 보일지니라
>
> _ 야고보서 3:13

이 질문에 등장한 지혜와 총명은 구약에 근거를 둔 표현이다. 즉, 하나님을 공경하는 지혜를 뜻한다. 야고보는 지혜와 총명이 있다면 먼저 '선을 행함'으로 보이고, 그다음 '온유함으로 그 지혜 됨'을 보이라고 말한다. 온유함이라는 덕목을 순한 기질을 가진 사람을 가리킨다고 오해하기 쉬운데, 성경에서 말하는 온유함은 우리가 생각하는 그것과 거리가 있다. 인간은 기질적으로 온유한 본성을 갖고 있지 않다. 그것은 어린 아이들의 행동만 봐도 알 수 있다. 아이들은 움켜쥐고 빼앗고 꼬집는 본성이 있는데, 형태가 다를 뿐이지 어른들의 세계도 마찬가지다.

여기서 사용된 '온유'라는 말의 의미는 '외부적인 힘에 의해서 통제되고 절제되는 상태'를 뜻한다. 이해를 돕기 위해 두 가지 예를 들어 설명하겠다. 첫 번째는 열이 펄펄 끓는 환자에게 해열제를 투약하고, 한 시간쯤 푹 재우고 난 후 열이 다스려진 상태다. 의사는 그것을 온유해졌다고 한다. 두 번째로 길들여지지 않던 야생마가 조련사에게 수개월 동안 훈련을 받아 먹이 앞에서도 조련사의 명령이 있기까지 얌전히 있고, 뛰라면 뛰고 멈추라면 본능을 제어하고 멈추는 상태이다. 그 모습을 보고 주인은 통제되었다, 즉 온유하다고 표현한다. 이처럼 온유는 외부의 힘에 의해 다스려지고 통제되는 삶을 뜻한다. 그렇다면, 우리는 무엇에 통제받는 삶을 살아야 하는가? 에베소서 말씀을 보라.

술 취하지 말라 이는 방탕한 것이니 오직 성령으로 충만함

을 받으라_에베소서 5:18

술과 성경은 어울릴 것 같지 않는 항목인데 한 문장에 걸려 있다. '취하다'와 '충만하다'라는 동사가 그 뿌리를 같이 하고 있기 때문이다. 우리는 보통 술 취하는 이유를 마신 술의 양 때문이라고 생각하기 쉬운데, 사실 알코올이 중추신경을 마비시키기 시작하면 바로 그때부터 취하는 것이다. 술에는 사람을 지배하는 힘이 있다. 따라서 성령의 충만함을 받으라는 말은 성령의 지배 아래 인생을 두라는 뜻이다. 하늘의 지혜는 성령의 지배 아래서 발생되기 때문이다.

땅의 지혜

성경에서 무엇을 일컬어 땅의 지혜라고 하는지 살펴보자.

그러나 너희 마음 속에 독한 시기와 다툼이 있으면 자랑하

지 말라 진리를 거슬러 거짓말하지 말라_야고보서 3:14

시기, 다툼, 자랑, 거짓 네 가지 항목을 이어서 나열했다. 시기는 콤플렉스에서 일어나는 마음의 태도다. 이기적인 욕망과 자기 열심 그리고 이것을 가장 준엄하게 책망 받았던 자들, 즉 외식하는 바리새인들이 여기에 속한다. 그리고 요셉의 형들, 사울이 있다. 이들이 진리에 대항했던 가장 큰 근거가 시기다. 진리 앞에 자신의 흉측한 모습이 자꾸 드러나자 예수님을 공격한 것이다. 그들은 자신의 실력이 부족하기에, 상대방이 잘 되고 성공하는 것을 싫어했다. 이렇듯 시기는 반드시 정의를 가장한 가면을 쓰고 분쟁과 다툼을 일으킨다.

성경에는 분쟁으로 인해 골머리를 앓았던 교회의 이야기가 기록되어 있다. 바로 고린도 교회다. 고린도 교회에는 네 개 이상의 당파가 있었다: 아볼로, 게바, 예수, 바울. 한 공동체 안에서 사람이 주인이 되어서 서로 어느 파인지 묻고 당을 지어 경쟁을 했다. 그 결과 분쟁과 싸움이 일어났다. 그래서 바울이 고린도전서 1장 29절에서 "이는 아무 육체도 하나님 앞에서 자랑하지 못하게 하려 하심이라"고 기록한 것이다.

우리 내면을 정직한 눈으로 들여다보면 자랑할 게 없어야 한다. 그런데 고린도 교인들은 하나님께서 주신 여러 가지 은사들을 가지고 경쟁했다. 성도들 사이에서 계급을 만들고, 은사 받은 자와 받지 못한 자를 구분하여 분쟁을 일으켰다. 분쟁과 다툼의 근거는 자기 자랑이다. 자기 자랑은 과장하는 말을 하기 때문에 결국 거짓이라는 결과를 낳는다. 악한 일, 즉 무익한 것이 되고 만다. 쉽게 말해 헛장사를 하는 것이다. 장사의 본질이 무엇인가? 무언가 남기는 것이다. 우리 인생을 장사에 빗댄다면 영원한 것을 찾아 남기기 위한 여정이라고 할 수 있다.

하늘의 지혜

그렇다면, 무엇이 영원한가? 하나님과 하나님께 속한 것들만이 영원하다. 삼위 하나님이 영원하시다(계 7:12). 그분의 말씀이 영원하다(사 40:8). 그리고 그분의 뜻을 행하는 자가 영원하다(요일 2:17). 이 영원한 것들을 붙잡지 않으면 허망한 인생이 된다. 나이 들어서 헛살았다는 것을 깨닫는다고 생각해보라. 그것만큼 큰 재앙도 없을 것이다. 그러므로 허망한 삶을 살지 않으려면 영원한 하늘의 지혜에 대해 알아야 한다.

> [17]오직 위로부터 난 지혜는 첫째 성결하고 다음에 화평하고 관용하고 양순하며 긍휼과 선한 열매가 가득하고 편견과 거짓이 없나니 [18]화평하게 하는 자들은 화평으로 심어 의의 열매를 거두느니라_야고보서 3:17~18

먼저, 하늘의 지혜는 '성결'하다고 했다. 성결을 이해하기 위해 이 단어를 쓴 용례를 이해할 필요가 있다. 성결은 포도주를 만들 때 이물질이 들어가지 않는 것을 말한다. 포도주를 만들 때는 반드시 밀폐된 공간에서 작업을 해야 한다. 포도주에 이물질이 들어가 순도가 떨어지면 당연히 포도주의 가치가 떨어지기 때문이다. 이것을 영적으로 해석하면, 어떤 상황에서도 오로지 주만 바라는 태도를 유지하는 것을 의미한다.

정결한 신부의 가치는 오로지 신랑만 바라는 태도에서 나오듯 아무리 곤고하고 악한 상황에 던져져 있다 할지라도 오로지 주만 바라보는 태도를 성결하다고 하는 것이다.

화평

두 번째 하늘의 지혜는 '화평'이다.

> 모든 것이 하나님께로서 났으며 그가 그리스도로 말미암아 우리를 자기와 화목하게 하시고 또 우리에게 화목하게 하는 직분을 주셨으니_고린도후서 5:18

하나님께서 우리를 건지신 이유는 우리에게 화목하게 하는 직책을 맡기기 위함이다. 우리는 예수님께서 십자가에서 죽으심으로 화목하게 하는 직책을 맡은 자로 거듭났다. 화목이라는 덕목은 북적대는 공동체 안에서, 이해할 수 없는 사람들로 가득한 직장 안에서 매일 겪어내야 하는 삶의 과제다.

관용

세 번째는 관용이다. 관용은 실수와 죄, 그리고 그 죄를 지은 사람을 구분해 낼 줄 아는 지혜를 뜻한다. '좋은 게 좋은 거지. 없던 걸로 해줄게'와 같은 차원이 아니다. 실수와 죗값에 대해서는 제대로 묻고, 그 사람을 받아주는 것이다. 이것은 예수님께서 지신 십자가에 가장 잘 드러난다. 하나님께서는 결코 우리에게 '너희 죄를 없던 것으로 해줄 테니 다시는 죄짓지 말아라' 하고 접근하지 않으셨다. 십자가에서 아들을 대신 죽게 하심으로 죗값을 물으셨다. 죗값은 지불하시고 죄 지은 우리는 받아주셨다. 이것이 관용이다. 문제는 신앙이 깊다는 사람일수록 관용하는 태도를 갖기 어렵다는 데 있다. 그들에게는 자기 의와 자기 프레임이 따로 있기 때문이다.

양순

네 번째는 양순이다. 양순은 관용과 이웃사촌이라고 볼 수 있다. 상대방의 생각을 들어주고 긍정해주는 태도를 말한다. 상대방의 말을 듣는 일은 쉽지 않다. 하나님께서 우리에게 쉬지 말고 기도하라고 하신 말씀은, 물론 기도를 쉬지 말라는 명령이기도 하지만 하나님께서는 늘 듣고 싶어 하신다는 뜻이 포함되어 있다. 그분이 우리에게 기도하라고 하시는 것은 늘 우리를 향하여 귀를 기울이고 있다는 말이라는 것을 알아야 한다. 우리의 모습이 아무리 변하고 거지꼴이 되어도 '저 정도 망가졌으면 와야 하는데……. 올 때가 됐는데……' 하며 늘 우리를 기다리신다. 그분은 변해버린 모습으로 아버지를 찾는 우리에게 한걸음에 달려오실 분이다.

긍휼

다섯 번째는 긍휼이다. 긍휼은 자격 없는 죄인에게 베푸시는 호의다. 즉, 저주할 자를 불쌍히 여겨 저주를 중단하는 태도를 말하는데, 이 긍휼이라는 말에는 또 다른 의미가 있다.

솔로몬의 재판을 보면, 한 창기의 아기가 죽자 다른 아기와 바꾸는 이야기가 나온다. 멀쩡히 살아 있던 자녀가 죽은 아기와 바뀐 것을 본 어미의 마음이 어떨까? 그 마음을 원문에서 '자궁에 불이 붙는 것 같다'고 표현했다. 어머니의 모성을 그렇게 표현한 것이다. 이것이 긍휼의 마음이다.

우리의 구원의 시작이 이러한 아버지의 마음에서 출발했다.

우리를 긍휼히 여기셔서 독생자를 십자가에 내어주신 것이다. 주님은 긍휼 때문에 그 값을 지불하셨다.

편견 없음

여섯 번째는 편견 없음이다. 편견은 쉽게 말하면 자기 고집이다. 특히 신앙이 좋다는 사람들 가운데 자기 고집이 센 사람이 많다. 하나님께서는 얼마나 높고 넓으며 깊으신 분인가? 그런데 자기 프레임 안에 있지 않은 하나님을 이야기하면 쉽게 정죄하면서 매장해 버리려고 한다. 우리는 이것이 얼마나 어리석고, 또 무서운 행동인지 알아야 한다. 아무리 공부를 많이 한 사람의 지식도 하나님 앞에서는 넓은 바다에서 물 한 바가지 뜬 것밖에 되지 않는다. 그런데 자기가 공부한 프레임 안에 전부 재단을 해서, 거기서 벗어나면 이상한 신앙이고 잘못된 신학이라는 논리로 매도해 버리는 우를 범하면 되겠는가. 다행히 이런 일은 하나님의 말씀을 듣는 훈련을 통해 회복될 수 있다.

지혜가 임하는 곳

하나님의 지혜 중심으로 산 사람은 위와 같은 항목들을 몸과 마음에 지니고 있다. 이런 사람들은 화평으로 의의 열매를 거둔다(약 3:18). 그렇다면, 어떻게 하늘의 지혜를 얻을 수 있을까? 디모데후서 3장 15~16절을 보라.

> [15]또 어려서부터 성경을 알았나니 성경은 능히 너로 하여금 그리스도 예수 안에 있는 믿음으로 말미암아 구원에 이르는 지혜가 있게 하느니라 [16]모든 성경은 하나님의 감동으로 된 것으로 교훈과 책망과 바르게 함과 의로 교육하기에 유익하니 _ 디모데후서 3:15~16

15절에서 보듯, 지혜는 성경에서 나온다. 그리고 그 지혜는 후히 주시는 하나님께 구하면 얻을 수 있다. 즉, 간구함 속에 지혜가 임하는 것이다. 우리 안에는 하늘의 지혜로 살아가고 싶은 욕망이 크지만 내면의 자아가 주인 노릇하여 여전히 땅의 지혜로 가득한 삶을 살 때가 많다. 이제 철저히 외부적인 힘, 성령의 통제에 지배되는 하늘의 지혜에 속하는 덕목들이 우리의 전 생애 속에 계속 확대되어 나타나기를 바란다.

야고보서 4:1~5:20

3부

회복

야고보서 4:1~10

1 너희 중에 싸움이 어디로부터 다툼이 어디로부터 나느냐
너희 지체 중에서 싸우는 정욕으로부터 나는 것이 아니냐

2 너희는 욕심을 내어도 얻지 못하여 살인하며 시기하여도 능
히 취하지 못하므로 다투고 싸우는도다 너희가 얻지 못함은
구하지 아니하기 때문이요

3 구하여도 받지 못함은 정욕으로 쓰려고 잘못 구하기 때문이라

4 간음한 여인들아 세상과 벗된 것이 하나님과 원수 됨을
알지 못하느냐 그런즉 누구든지 세상과 벗이 되고자 하는
자는 스스로 하나님과 원수 되는 것이니라

5 너희는 하나님이 우리 속에 거하게 하신 성령이 시기하기까지
사모한다 하신 말씀을 헛된 줄로 생각하느냐

6 그러나 더욱 큰 은혜를 주시나니 그러므로 일렀으되 하나님이 교
만한 자를 물리치시고 겸손한 자에게 은혜를 주신다 하였느니라

7 그런즉 너희는 하나님께 복종할지어다 마귀를 대적하라
그리하면 너희를 피하리라

8 하나님을 가까이하라 그리하면 너희를 가까이하시리라 죄인들아
손을 깨끗이 하라 두 마음을 품은 자들아 마음을 성결하게 하라

9 슬퍼하며 애통하며 울지어다 너희 웃음을 애통으로,
너희 즐거움을 근심으로 바꿀지어다

10 주 앞에서 낮추라 그리하면 주께서 너희를 높이시리라

10

하나님
나라
스타일

우리 중에 과연 정욕이라는 문제에서 자유로울 인생이 있을까? 성경에서 말하는 정욕은 우리가 생각하는 성적인 욕망만 뜻하는 것이 아니다. 하나님과 반대되는 배척점에 서 있는 모든 것을 통틀어 정욕이라고 한다. 이 정욕은 세상에서 일어나는 모든 싸움과 다툼의 근본 원인이다. 개인이나 국가 간에 일어나는 크고 작은 싸움의 원인이 우리 육체가 가진 욕망, 즉 정욕이라는 사실은 누구도 부인할 수 없다. 욕심이 없는 사람과 무슨 싸움이 되겠는가?

남는 게 없는 다툼

교회 안에서 일어나는 싸움도 마찬가지다. 1세기 교회 공동체를 향한 메시지를 살펴보면, 당시 교회 안에 심한 다툼과 싸움이 일어나고 있었다는 사실을 알 수 있다.

너희는 욕심을 내어도 얻지 못하여 살인하며 시기하여도 능히 취하지 못하므로 다투고 싸우는도다 너희가 얻지 못함은 구하지 아니하기 때문이요 _야고보서 4:2

욕심을 내도, 즉 정욕대로 열심히 뭔가를 해도 남는 게 없다고 한다. 심지어 살인을 해도 원하는 것을 얻지 못한다고 기록되어 있다. 살인이라니! 1세기 교회 성도들이 싸움 끝에 살인까지 저질렀다는 뜻인가? 여기서 말하는 살인은 물리적인 살인을 뜻하는 것이 아니라 야고보가 예수님의 형제답게 예수님의 눈높이에서 글을 써가고 있기 때문에 등장한 단어이다. 마태복음 5장 21~22절을 보라.

21옛 사람에게 말한 바 살인하지 말라 누구든지 살인하면 심판을 받게 되리라 하였다는 것을 너희가 들었으나 22나

는 너희에게 이르노니 형제에게 노하는 자마다 심판을 받

게 되고 형제를 대하여 라가라 하는 자는 공회에 잡혀가게

되고 미련한 놈이라 하는 자는 지옥 불에 들어가게 되리라

_마태복음 5:21~22

　여기서 옛 사람은 구약의 성도들을 말한다. 따라서 이 부분은 모세의 글에 "살인하지 말라"(출 20:13)고 기록한 것을 뜻한다. 그다음 22절을 보면 예수님의 기준에서는 이미 형제 혹은 이웃을 향해 노하거나 미련하다고, 바보라고 욕하는 것을 지옥 불에 들어갈 만큼 큰 죄로 보고 있다는 사실을 알 수 있다. 그렇게 한 자는 이미 마음속에 살인을 한 것이라는 뜻이다. 이처럼 예수님은 우리의 내면 깊숙한 곳에 자리 잡은 뿌리를 중요하게 여기신다. 하나님께서 만일 위와 같은 잣대를 우리에게 들이대신다면, 이 세상에 자유할 인생이 과연 몇 명이나 있을까?

　문제는 오늘날 교회 공동체 안에 이런 일들이 벌어지고 있다는 사실이다. 형제끼리 비방하고 공격하는 것은, 그리스도의 몸인 신부에게 자기 분열이 일어나는 것과 마찬가지다. 분열이 일어나 몸이 찢어지면, 결과적으로 신랑이신 그리스도께 아픔이 생긴다.

욕망의 무한 증대성

우리는 그리스도의 신부가 되었지만, 아직 내제된 본성이 남아 있다. 그 모습은 자기 것을 쟁취하고 확보하며 스스로 결과를 붙잡으려 애쓰느라 격렬하다.

원래 욕망이라는 놈은 그 자리에 머무를 줄을 모르고 몸집이 불어나게 마련이다. 자기중심성에 붙들려서 욕망이라는 이름으로 전 생애의 수레를 불살라버리고 마는 무한 증대성을 가지고 있다. 이런 부류의 삶은 내가 필요한 것은 내가 확보해야 하고, 내가 결과를 내겠다는 의지가 강하다. 그러나 그것들은 잠시 내 손안에 머무는 듯 보이지만 결과적으로 남는 것이 없다. 허무해진다는 말이다. 헛되고 헛된 것에 대한 욕망이 그치지 않으니 다툼과 싸움으로 번지고 남의 것을 빼앗아야 하는 지경에 이른다. 남의 불행이 내 행복이 되는 지독한 진흙탕에 빠진 삶을 생각해보라. 얼마나 비참한가!

이 땅에서 일어나는 전쟁과 같은 참혹한 현실들이 모두 민주주의니, 이데올로기니, 이념이니 하는 명분을 앞세우지만 들여다보면 대부분 자본 전쟁이다. 기름과 같은 자원을 양보할 국가도 개인도 없다. 그것이 이 세상의 질서다.

야고보는 무언가 얻기 위해 싸우고 다투는데, 그래도 얻지 못하는 것들에 대해 말하면서 그것들을 얻지 못하는 이유를 '구하지 아니하기 때문'이라고 명백히 밝힌다.

구하지 않는 삶의 최후

구하는 것, 즉 그리스도의 이름으로 하나님께 드리는 기도는 자녀 된 백성만 할 수 있다. 그렇다면, 기도라는 행위가 갖는 의미는 무엇인가? '하나님! 이 필요에 대해서는 제게 능력이 없습니다. 제게 이 일을 할 수 있는 근거가 없습니다. 도와주세요'라고 하늘 아버지께 구하는 삶의 태도. 하지만 1세기 교회 공동체 구성원들은 모든 필요를 자신이 확보하고, 쟁취하겠다는 삶의 태도로 살아왔다.

하나님께 간구하는 형식을 통해 사는 삶의 방식과 자신이 인생의 주인이 되는 삶의 방식은, 각각 형성되는 원리가 근본적으로 다르다. 기도는 하나님의 은혜로만 살겠다는 가장 적극적인 고백과 표현이므로, 결국 자기 자신이 인생의 주인이 되는 삶과는 극명한 대조를 이룰 수밖에 없다. 그래서 기도라는 주제가 등장한 것이다.

당신은 어떠한가? 예수 그리스도를 만난 후, 인생의 모든 필요와 자본을 스스로 확보하려는 시도를 멈췄는가? 만약 멈추지 않았다면, 그것은 신랑과의 분열이 일어나고 있음을 뜻한다. 그래서 성경은 자신의 의도대로 살려는 시도를 멈추지 않는 교회를 간음한 여인에 비유했다.

> 간음한 여인들아 세상과 벗된 것이 하나님과 원수 됨을 알지 못하느냐 그런즉 누구든지 세상과 벗이 되고자 하는 자는 스스로 하나님과 원수 되는 것이니라_야고보서 4:4

여기에 등장하는 여인들은 교회를 은유적으로 표현한 것이다. 교회의 머리는 그리스도시고, 우리는 그 몸을 이루는 한 몸 된 지체요 그리스도의 신부다. 신부는 신랑이 공급하는 것으로만 사는 게 정석이다. 자꾸 다른 사람에게 가서 원하는 것을 사 달라고 하는 것은 신부가 할 행동이 아니다. 이스라엘의 역사를 살펴보면 이런 경우가 무수히 많았다.

신부로서 신랑으로만 자족하며 살도록 설계된 우리가, 하나님께서 아들을 지불하셔서 그 아들과 한 몸 된 신부로 살게 하신 우리가 아직도 고멜과 같은 아내가 되어서 딴짓을 하고 돌아다니기 때문에 야고보가 준엄하게 외친 것이다: "세상과 벗된 것이 하나님과 원수 됨을 알지 못하느냐 그런즉 누구든지 세상과 벗이 되고자 하는 자는 스스로 하나님과 원수 되는 것이니라"(약 4:4). 이것은 단순히 성적인 차원을 넘어, 우리가 그리스도의 신부로서 그분으로만 만족하며 정절을 지키고 있는지를 묻고 있는 것이다.

질투하는 사랑

하나님께서는 왜 우리에게 정절을 물으시는가?

> 너희는 하나님이 우리 속에 거하게 하신 성령이 시기하기
> 까지 사모한다 하신 말씀을 헛된 줄로 생각하느냐
>
> _ 야고보서 4:5

여기서 성령으로 번역된 표현(프뉴마, πνεῦμα)은 영(숨, 바람)이라는 뜻으로 두 가지 의미로 해석할 수 있다. 첫 번째는 말 그대로 성령이고, 두 번째는 하나님께서 사람을 창조하실 때 불어넣으신 '영'(숨)이다(창 2:7). 그러면 이제 어느 쪽을 택해서 해석할 것인지를 봐야 한다. 이 구절의 주어는 의심의 여지없이 하

나님이다. 그 뒤에 나오는 목적어가 우리 속에 거하게 하신 성령 혹은 영이다. 그런데 하나님이 성령을 시기하신다는 말은 모순되므로, 이 영은 삼위 하나님의 한 위인 성령님이 아니라 우리 속에 두신 영을 뜻한다고 보는 것이 적절하다. 문맥상 원문에 가깝게 번역된 새번역 성경을 살펴보면 다음과 같다.

"하나님께서는 우리 안에 살게 하신 그 영을 질투하실 정도로 그리워하신다"라는 성경 말씀을 여러분은 헛된 것으로 생각합니까?_[새번역] 야고보서 4:5

결국 이 말씀은 하나님께서 우리를 질투하기까지 사랑하신다는 뜻이다. 누군가를 질투하는 마음에는 그를 향한 사랑이 전제되어 있다. 사랑해야 질투가 가능한 것이다.

야고보가 이 서신을 보내고 있는 초대 교회 안에는, 당시 그리스도의 몸인 신부가 자체적으로 분열하고 있는 상황이었다. 세상의 질서와 원리로 살고자 하는 끊임없는 시도 때문에 고통이 일어나고 있었던 것이다. 때문에 이 부분은 '그런 모습으로 살아가는 당신들을 하나님이 이런 마음으로 그리워하시는데 지금 무엇을 바라보며 살고 있느냐'며 야고보가 그들을 질타하는 내용이다. 하나님은 질투하는 분이시다!

그것들에게 절하지 말며 그것들을 섬기지 말라 나 네 하나

님 여호와는 질투하는 하나님인즉 나를 미워하는 자의 죄

를 갚되 아버지로부터 아들에게로 삼사 대까지 이르게 하

거니와_출애굽기 20:5

여기서 질투는 우리를 향한 것이다. 이것은 우리가 하나님의 백성이 된 이상 피할 수 없는 현실이다. 이스라엘 백성들을 애굽에서 끌어내실 때의 상황을 생각해보라. 당시 하나님께서 가장 많이 사용한 표현은 '내 백성'이다. 즉 하나님의 백성이니까 그분만 바라봐야 하는데, 거기에서 어긋난 삶의 조짐이 보이면 하나님의 질투가 발동되는 것이다. 안식일을 지키라는 말씀 역시 단지 율법 조항을 지켜야 안식일을 지키는 것이라는 의미가 아니다. 그 말은 마치 하나님께서 우리 양쪽 귀를 붙잡고 "나만 바라봐"라고 말씀하시는 것과 같은 의미다.

사랑은 절대 객관적이지 않다. 이는 우리 자신만 돌아보아도 쉽게 알 수 있으리라. 사실 우리가 사랑받을 만한 구석이 있는 존재가 아닌데, 그분이 사랑하시는 정도를 보면 사랑은 확실히 주관적일 수밖에 없지 않은가. 그래서 하나님께서는 십계명을 통해 우리를 얼마나 열렬히 사랑하는지 고백하신다. 그 조항들은 법적인 개념을 넘어 우리를 향하신 그분의 마음을 오롯이 드

러내는 하나의 수사적 표현이다. 우리도 사랑을 하면 상대가 나만 바라봐주기를 바라듯, 하나님도 우리의 시선이 하나님께 향해 있기를 원하신다.

그리스도로 만족하지 못하고 자신의 욕망을 따라 쟁취하려는 것은 결코 얻을 수 없다. 안팎으로 전쟁만 일으킬 뿐이다. 모든 필요를 채우시고 아침마다 새로운 은혜를 주시며 우리를 향해 성실하신 신랑 되신 예수 그리스도를 바라보라는 것이, 본문이 일관되게 우리에게 전달하는 메시지다.

더 큰 은혜를 사모하라

야고보는 하나님께서 겸손한 자들, 곧 예수님께 모든 시선을 고정하고 있는 자들에게 더욱 큰 은혜를 베푸신다고 말하며 메시지를 이어 나간다.

그러나 더욱 큰 은혜를 주시나니 그러므로 일렀으되 하나님이 교만한 자를 물리치시고 겸손한 자에게 은혜를 주신다 하였느니라_야고보서 4:6

야고보서의 하나님은 일관되게 주시는 분으로 설명된다. 은혜가 무엇인가? 거저 주시는 선물이다. 하나님께서는 온갖 좋은 선물, 즉 은혜를 주시는 분이다. 하나님께서는 우리를 향해 손을 펴고 계신다. 그렇다면, 여기에서 말하는 더욱 큰 은혜란 무엇인가? 그것은 마치 마태복음 13장에서 농부가 밭에서 찾은 보화와 같은 것이다.

하나님께서 가장 좋은 것 주시는 분임을 아는 이들은, 자신의 것을 다 팔아서라도 그것을 얻고자 한다. 하나님 안에서 진정한 만족을 누릴 수 있다는 것을 알기 때문이다. 그들은 진정으로 겸손한 자들이다. 이에 하나님께서는 그들에게 은혜 주시기를 아끼지 않으신다. 반대로 정욕에 사로잡힌 자들은 만족할 줄 모른다. 그래서 끊임없이 투쟁한다. 이는 하나님 앞에 교만한 자들이다.

> 8하나님을 가까이하라 그리하면 너희를 가까이하시리라 죄인들아 손을 깨끗이 하라 두 마음을 품은 자들아 마음을 성결하게 하라 9슬퍼하며 애통하며 울지어다 너희 웃음을 애통으로, 너희 즐거움을 근심으로 바꿀지어다 10주 앞에서 낮추라 그리하면 주께서 너희를 높이시리라
>
> _야고보서 4:8~10

이어지는 말씀은 예수님의 산상수훈을 떠올리게 한다. 여기서 애통하고 울라는 것은 하나님 나라를 소유한 백성들의 새로운 삶의 스타일과 질서를 말한다. 진정으로 하나님 나라를 소유한 자는 세상의 것들을 다 팔아버린다. 그들은 내 힘과 즐거움으로 삼던 모든 것들을 내놓고 진정한 가치와 만족을 발견한 자들이다. 세상의 기준으로 볼 때, 이들이 애통하고 근심하는 자처럼 보일 것이다. 그러나 하나님 나라의 백성들에겐 진정한 기쁨이 있고 즐거움이 있다. 그런 의미에서 이것은 희생이 아니라 투자다. 삶의 뿌리가 세상의 것들에서 하늘의 것들로 옮겨가면 우리를 질투하고 그리워하시는 신랑께 회귀하는 은혜가 임할 것이다. 반면, 세상에서 즐거움과 만족을 찾는 이들은 결코 하나님 나라를 경험하지 못할 것이다.

이 큰 은혜는 미래의 이야기만은 아니다. 자신의 몸을 십자가에 내어주신 분이 우리에게 필요한 모든 것을 어찌 은혜로 주시지 않겠는가?

자기 아들을 아끼지 아니하시고 우리 모든 사람을 위하여
내주신 이가 어찌 그 아들과 함께 모든 것을 우리에게 주시
지 아니하겠느냐_로마서 8:32

하나님의 전능하심과 나를 사랑하신다는 약속의 성실하심을 믿으라. 그분으로 말미암아 우리는 이 세상에서 넉넉히 이길 수 있다. 이 확고한 진리 앞에 흔들리던 삶의 걸음을 다시 한 번 붙잡아놓을 수 있길 바란다.

야고보서 4:13~17

13 들으라 너희 중에 말하기를 오늘이나 내일이나 우리가 어떤 도시에 가서 거기서 일 년을 머물며 장사하여 이익을 보리라 하는 자들아

14 내일 일을 너희가 알지 못하는도다 너희 생명이 무엇이냐 너희는 잠깐 보이다가 없어지는 안개니라

15 너희가 도리어 말하기를 주의 뜻이면 우리가 살기도 하고 이것이나 저것을 하리라 할 것이거늘

16 이제도 너희가 허탄한 자랑을 하니 그러한 자랑은 다 악한 것이라

17 그러므로 사람이 선을 행할 줄 알고도 행하지 아니하면 죄니라

11

뿌리,
본능,
태도

부자병(affluenza)이라는 말이 있다. 부유한 또는 풍요라는 뜻의 affluent와 유행성 독감이라는 뜻의 influenza를 조합해서 만들어진 신조어다. 이 단어를 세상에 널리 알리게 된 유명한 사건이 있다.

2013년 텍사스주의 아주 부유한 가정에서 자란 열여섯 살 된 소년이 한 마트에서 술을 훔쳐 마시고는 만취 상태에서 아버지의 트럭을 몰고 나왔다. 그런데 그가 몰던 트럭에 시민 4명이 치여 목숨을 잃었다. 재판 과정에서 그의 변호사는 소년의 삶이 너무 풍요로워 감정을 통제할 수 없는 '부자병'을 앓고 있다고 호소했다. 놀랍게도 법원은 이를 받아들여 징역형 대신 보호관찰 10년이라는 명령을 내렸다. 이는 미국 사회에 유전무죄 논란을 거세게 일으킨 사건이었다. 그는 보호관찰 중에도 계속 말썽을 일으키다가 멕시코로 도주를 시도했으나, 결국 경찰에 붙잡혔다.

우리나라에서도 풍요로운 삶을 영위하는, 부족할 것 없어 보이는 사람들이 이런 저런 문제를 일으켜 경찰에 붙잡히는 일들이 점점 늘어나고 있다. 물질만능주의가 팽배한 세상에서 이런 현상은 얼마든지 발견할 수 있는 예가 되었다. 우리는 이런 사건들을 하나님의 관점으로 바라볼 필요가 있다.

유한한 인생을 대하는 태도

하나님께서는 자신의 백성들이 장사를 해서 돈을 벌고, 풍요로운 삶을 사는 것 자체로 정죄하지 않으신다. 그 인생에 하나님의 주권이 있느냐, 없느냐가 중요한 것이다. 하나님의 주권이 빠져 있을 때 풍요는 흉기로 둔갑할 수 있다는 사실을 우리는 알아야 한다.

들으라 너희 중에 말하기를 오늘이나 내일이나 우리가 어떤 도시에 가서 거기서 일 년을 머물며 장사하여 이익을 보리라 하는 자들아_야고보서 4:13

13절에 등장하는 사람은 어떤 도시로 가서 일 년 동안 장사하려는 계획과 이익을 보겠다는 확고한 의지가 있다. 이 말씀은 당시 교회 공동체 안에 있던 자기 계획이 확실한 사람들에게 강경하게 경고한 말씀이다. 물론 확실한 계획과 의지는 나쁜 것이 아니다. 그런데 여기에 중요한 것이 빠져 있다. 그것은 무엇일까? 한 번 생각해보라.

당시 도시를 옮겨 이동하는 것은, 목숨을 건 결단 없이는 불가능한 일이었다. 그럼에도 이 중차대한 인생의 문제 앞에 하나님의 뜻과 계획과 주권은 언급되어 있지 않다. 우리가 어떤 장사를 하는지, 돈을 얼마나 버는지는 사실 하나님께 중요한 문제가 아니다. 정말 중요한 것은 그 사람의 태도인데, 여기서 지적하고자 하는 것이 바로 하나님 앞에 서 있는 우리의 태도이다.

우리의 인생에서 하나님이 빠진 풍요는 더 이상 유익이 아닌 재앙이다. 그러므로 우리는 하나님이 없이 돈 많이 벌고 사업이 잘 되는 것들이 헛된 자랑이 될 수 있다는 점을 항상 인식해야 한다.

내일 일을 너희가 알지 못하는도다 너희 생명이 무엇이냐
너희는 잠깐 보이다가 없어지는 안개니라 _야고보서 4:14

하나님께서 주재자가 되시지 않는 계획이나 의지는 헛것이라는 뜻이다. 여기서는 그것을 안개로 표현했다. 안개는 연기로도 볼 수 있는데, 이 연기는 연소되는 과정에서 피어오르고 시간이 지나면 결국 그 자리에 재만 남는다. 그렇다면 영원한 것은 무엇인가? 오직 하나님이 주시는 생명만이 영원한 것인데, 안타깝게도 우리가 내일 일을 알지 못하듯 하나님 없는 풍요와 물질을 구하는 사람은 그 생명이 무엇인지 모른다.

포스코 설립자인 故 박태준 씨는 아침에 출근을 하면서 노모에게 "어머니 갑니다"라고 인사를 했다고 한다. 나가서 돌아올 수 있을 거라는 장담을 할 수 없기에 다녀오겠다는 인사를 하지 않았던 것이다. 가는 것까지가 현실이므로 간다는 인사만 하고 집을 나섰다. 이것이 사람이 가진 유한함이고 한계다. 우리는 이런 한계 앞에서 겸손하지 않을 수 없는 존재임을 기억하며 하루를 살아가야 한다. 오늘은 절대적인 사실이었는데, 내일 그 이면을 보면 또 다른 이야기가 되는 경우를 수도 없이 경험하는 것이 인간의 삶이다. 이렇듯 우리는 내일 일을 모르기 때문에 말이든 글이든 너무 단정적으로 하는 것은 옳지 않다.

주의 뜻? 본능이면 된다

야고보는 그다음 절에서 예수 믿는 사람들의 상투적인 말투를 딱 꼬집어 지적한다.

> 너희가 도리어 말하기를 주의 뜻이면 우리가 살기도 하고
> 이것이나 저것을 하리라 할 것이거늘_야고보서 4:15

이 말씀을 문자 그대로 하면, 주의 뜻이면 이것도 하고 저것도 할 수 있다는 뜻으로 해석하기 쉬운데 알고 보면 그런 뜻이 아니다. '주의 뜻'이라는 말은 기독교인들이 흔히 쓰는 표현으로, 말은 주의 뜻이면 다 할 것처럼 해놓고 행하지는 않는 모습을 꼬집어 가리킨 것이다.

결혼 적령기의 청년들을 만나보면 대부분 배우자 될 사람의 조건 1순위가 '신앙'이라고 말한다. 그런데 막상 신앙은 좋은데, 그 외 여러 가지 조건이 열악한 상대를 만나면 큰 내적 갈등에 빠지는 경우를 많이 본다. '그래도 신앙이 제일 중요해'라며 결단하는 사람은 흔치 않다. 이렇듯 '주의 뜻'이라는 표현은 정말 그대로 한다는 뜻이 아니라 전형적인 기독교인의 상투적인 말투를 뜻한다.

야고보는 말만 하고 행동은 따라주지 않는 행위를 꼬집은 후, 허탄한 자랑과 알고도 행하지 않는 행위를 노골적으로 악한 것이라고 표현하였다.

> ¹⁶이제도 너희가 허탄한 자랑을 하니 그러한 자랑은 다 악
> 한 것이라 ¹⁷그러므로 사람이 선을 행할 줄 알고도 행하지
> 아니하면 죄니라 _야고보서 4:16~17

허탄한 자랑은 주의 뜻에 순복하려는 태도와 상반된다. 또 가진 것을 자랑하면서 선을 행하지 않는 것은 죄다. 이 두 가지 삶의 태도를 마태복음에서는 양과 염소로 비유했다(마 25:31~46).

> ³¹인자가 자기 영광으로 모든 천사와 함께 올 때에 자기 영
> 광의 보좌에 앉으리니 ³²모든 민족을 그 앞에 모으고 각
> 각 구분하기를 목자가 양과 염소를 구분하는 것 같이 하여
> ³³양은 그 오른편에 염소는 왼편에 두리라
>
> _마태복음 25:31~33

낮에는 양과 염소가 알아서 꼴을 먹도록 풀어놓고, 해질 무렵이 되면 오른쪽과 왼쪽에 각각 따로 집어넣겠다는 말씀이다.

³⁴그 때에 임금이 그 오른편에 있는 자들에게 이르시되 내 아버지께 복 받을 자들이여 나아와 창세로부터 너희를 위하여 예비된 나라를 상속받으라 ³⁵내가 주릴 때에 너희가 먹을 것을 주었고 목마를 때에 마시게 하였고 나그네 되었을 때에 영접하였고 ³⁶헐벗었을 때에 옷을 입혔고 병들었을 때에 돌보았고 옥에 갇혔을 때에 와서 보았느니라 ³⁷이에 의인들이 대답하여 이르되 주여 우리가 어느 때에 주께서 주리신 것을 보고 음식을 대접하였으며 목마르신 것을 보고 마시게 하였나이까 ³⁸어느 때에 나그네 되신 것을 보고 영접하였으며 헐벗으신 것을 보고 옷 입혔나이까 ³⁹어느 때에 병드신 것이나 옥에 갇히신 것을 보고 가서 뵈었나이까 하리니 ⁴⁰임금이 대답하여 이르시되 내가 진실로 너희에게 이르노니 너희가 여기 내 형제 중에 지극히 작은 자 하나에게 한 것이 곧 내게 한 것이니라 하시고

_마태복음 25:34~40

오른쪽에 넣은 양, 즉 의인들에게 예수님께서 '내가 배고플 때 먹을 것을 주고, 목마를 때 마실 것을 주고, 나그네 되었을 때 대접하고, 헐벗었을 때 옷을 입히고, 병들었을 때 돌보고, 옥에 갇혔을 때 와서 보았다'고 했을 때 그들은 의아한 반응을 보인

다. 우리가 언제 예수님을 대접하고 돌보았냐는 것이다. 이 말은 누군가에게 이런 행동을 할 때 의식하지 못하고 본능적으로 했다는 뜻이다. 이처럼 예수님께서는 심판의 날에 양과 염소, 즉 의인과 악인을 가르면서 본능적으로 선을 행했는가를 보신다. 의인들의 삶이 예수 그리스도께 뿌리를 내리고 있었기 때문에 저절로 선한 행위가 열매로 나타난 것이다. 생리적인 현상에 이유가 없듯, 그들의 행위에도 이유가 필요 없었다.

하지만 염소들의 행위는 그 반대였다. 그들은 똑같은 상황 앞에서 예수 그리스도께 뿌리를 둔 선한 본능이 나오지 않았다. 그 모습을 다음 절에서 소개한다.

41또 왼편에 있는 자들에게 이르시되 저주를 받은 자들아 나를 떠나 마귀와 그 사자들을 위하여 예비된 영원한 불에 들어가라 42내가 주릴 때에 너희가 먹을 것을 주지 아니하였고 목마를 때에 마시게 하지 아니하였고 43나그네 되었을 때에 영접하지 아니하였고 헐벗었을 때에 옷 입히지 아니하였고 병들었을 때와 옥에 갇혔을 때에 돌보지 아니하였느니라 하시니 44그들도 대답하여 이르되 주여 우리가 어느 때에 주께서 주리신 것이나 목마르신 것이나 나그네 되신 것이나 헐벗으신 것이나 병드신 것이나 옥에 갇히신

것을 보고 공양하지 아니하더이까 ⁴⁵이에 임금이 대답하여
이르시되 내가 진실로 너희에게 이르노니 이 지극히 작은
자 하나에게 하지 아니한 것이 곧 내게 하지 아니한 것이니
라 하시리니 ⁴⁶그들은 영벌에, 의인들은 영생에 들어가리
라 하시니라_마태복음 25:41~46

종합해보면, 선한 행위가 있어야 하나님의 백성들로 인정받
아 영생에 들어가는 것이 아니라 나타나는 열매를 봐서 그 인생
이 그리스도께 뿌리가 박혀 있는지 아닌지를 확인한다는 것이
다. 일각에서는 야고보서가 행위만 강조한 책이라고도 하지만,
그것은 사실 메시지의 단면만 보고 내리는 얕은 평가다. 조금
깊이 들여다보면 행위 자체가 아니라 행위가 나오는 뿌리에 강
조점이 있다는 것을 알 수 있다. 그러므로 우리의 행위가 그리
스도로 말미암아 나오는 것인가 아닌가 하는 문제를 중요하게
여겨야 한다.

예수님께서는 내가 곧 길이요 진리요 생명이니 나로 말미암
지 않고는 아버지께로 올 자가 없다(요 14:6)고 말씀하셨다. 그리
스도를 통해서만 구원을 얻는다는 이 원색적인 표현에는 보다
더 중요한 의미가 담겨 있다. 그리스도를 통해서만 구원을 얻을

수 있기에 우리 인생의 총체적인 문제가 그리스도로 말미암아 행해져야 한다는 것이다. 그러므로 그리스도와 연결되지 않은 구제, 그리스도와 연결되지 않은 선행은 안타깝지만 헛것이다.

야고보는 우리의 통전적인 삶이 그분과 연결 고리를 갖고 있어야지만 참되다는 메시지를 이렇게 비유를 들어 설명하고 있다. 선을 행할 줄 알면서도 행하지 않은 사람은 이웃과 관계가 없었기 때문에 결과적으로 그것이 죄가 되었다.

지금 내가 가진 것이 곤고한 자들과 공유되고 있는지 살펴보라. 그것이 흘러가지 않고 있다면 안타깝지만 죄 된 삶을 살고 있는 것이다. 야고보가 전하는 하나님의 메시지를 통해 우리의 삶이 무엇과 연결되어 있는가를 살피는 일은 우리의 구원과도 밀접한 관련이 있다. 구원받기 위해 무엇을 해야 할까 고민하는 차원을 떠나 예수님의 자녀로서 그리스도가 가진 품성이 본능적으로 약자를 향한 사랑과 구제로 드러나는 본성 회복의 역사가 있기를 바란다.

야고보서 5:1~6

1 들으라 부한 자들아 너희에게 임할 고생으로 말미암아 울고 통곡하라

2 너희 재물은 썩었고 너희 옷은 좀먹었으며

3 너희 금과 은은 녹이 슬었으니 이 녹이 너희에게 증거가 되며 불 같이 너희 살을 먹으리라 너희가 말세에 재물을 쌓았도다

4 보라 너희 밭에서 추수한 품꾼에게 주지 아니한 삯이 소리 지르며 그 추수한 자의 우는 소리가 만군의 주의 귀에 들렸느니라

5 너희가 땅에서 사치하고 방종하여 살륙의 날에 너희 마음을 살찌게 하였도다

6 너희는 의인을 정죄하고 죽였으나 그는 너희에게 대항하지 아니하였느니라

12

가난을
회복한
의인

나는 어릴 때 집이 너무 가난해서
친구 집에서 일을 거들어주고 돈을 받았다. 집주인이 권사님이
셨는데, 월급을 늘 3일에서 일주일씩 미리 주셨다. 처음에는 당
황스러워서 왜 이렇게 일찍 주시냐고 물으면 "너도 쓸 데가 얼
마나 많니? 장남이라 거둘 동생들도 있는데 얼마나 돈이 아쉽
겠니. 그래서 며칠 미리 주는 거니까 신경 쓰지 말고 받아라" 하
며 돈을 쥐어주셨다. 월급날만 바라보고 사는 입장에서 그 말이
얼마나 소중했는지 모른다. 반대로, 동생은 두어 달씩 월급을

받아오지 못할 때가 잦았다. 당시 사업하던 분들은 돈이 없어서
라기보다 바쁘게 장사하다 보니 고용된 사람들의 절실함을 잘
몰라 잊고 넘어갔다가 늦게서야 급여를 주기도 했다. 요즘은 법
이 바뀌어서 그런 핑계가 통하지 않지만 예전에는 이런 일들이
비일비재했다.

울며 통곡하는 길

이사야 5장에는 삯을 주지 않는 주인들을 준엄하게 꾸짖으며,
품꾼들이 호소하는 소리가 어디까지 들리는지 분명하게 밝힌
다. 준엄한 꾸짖음은 강한 명령으로 시작한다.

> 들으라 부한 자들아 너희에게 임할 고생으로 말미암아 울
> 고 통곡하라_야고보서 5:1

'들으라'는 말은 명령이면서 분위기를 전환하는 경고의 음성
이다. 지금 그 경고를 부한 자들에게 하고 있는 것이다. 야고보
는 11장에서도 장사를 하려는 계획을 가진 부자에게 경고를 했
다. 그러나 이번 장에서 경고를 듣는 부자는 농사꾼이다.

중요한 것은, 두 사람이 경고를 듣는 이유가 그들이 부자여서 가 아니라는 것이다. 두 사람 모두 돈을 대하는 방식에 문제가 있었기에 경고를 들었다. 우리는 이 본문을 대할 때, 하나님께 는 부와 가난 자체가 쟁점이 아니라 그것을 다루는 인간의 태도 가 쟁점이라는 점을 놓쳐서는 안 된다.

1절에 "울고 통곡하라"는 표현이 나온다. 이는 앞으로 나타날 재난으로 인해 울라는 경고의 말씀이다.

참고로, 성경에서 울음은 크게 두 가지로 묘사된다. 먼저, 요 한계시록 18장을 보면 "그와 함께 음행하고 사치하던 땅의 왕들 이 그가 불타는 연기를 보고 위하여 울고 가슴을 치며"(계 18:9) 라고 말씀한다. 이는 재난의 결과로 나타나는 징후를 울음으로 묘사했다. 그리고 이사야 13장을 보면 "너희는 애곡할지어다 여 호와의 날이 가까웠으니 전능자에게서 멸망이 임할 것임이로 다"(사 13:6)라고 말씀한다. 선지자가 앞으로 벌어질 재난에 대 한 징후로 울음을 소개하였다.

다시 본문 1절로 돌아와 '울음'에 대해 살펴보자. 세상 모든 시간이 멈추는 날에 인류는 극명하게 두 갈래 길로 나누어지는 데, 그중 한 길이 울고 통곡하는 길이다. 부를 좇아서 그것에 인 생의 목적을 두고 살아가던 사람들은 통곡의 길을 걷게 될 것이라는 말씀이다. 우리는 영원한 것과 그렇지 않은 것을 구별하며 나중에 어떤 길을 걷게 될지 결정하는 기로에 놓여 하루하루를 살아가고 있음을 기억해야 한다. 그렇다면, 영원하지 않은 것들은 무엇인가? 계속해서 본문에서 소개하는 영원하지 않을 것들을 살펴보자.

가장 무서운 저항

> ²너희 재물은 썩었고 너희 옷은 좀먹었으며 ³너희 금과 은은 녹이 슬었으니 이 녹이 너희에게 증거가 되며 불 같이 너희 살을 먹으리라 너희가 말세에 재물을 쌓았도다
>
> _ 야고보서 5:2~3

재물과 옷은 좀먹고 녹슨다는 표현은 금방 이해가 된다. 그런데 3절에 등장하는 금과 은이 녹슨다는 표현은 조금 더 생각해 볼 필요가 있다. 금과 은이 녹슨다는 것은 불순물이 들어갔다는 뜻이다. 정상적인 금과 은은 절대 녹이 슬지 않는다. 그렇다면, 왜 금과 은에 불순물이 섞였을까? 순금, 순은처럼 보이고 싶은데 실력이 안 되기 때문에 허영으로 가장한 것이다. 허영을 뒤

집어 쓴 것을 불순물이 섞인 것으로 볼 수 있다. 허영으로 치장한 탓에 당장은 반짝거리고 그럴듯해 보이지만, 시간이 흐르면 허영이 벗겨져 녹이 슨다. 그러면 진짜 금과 은이 아니었다는 증거가 다 드러나게 된다. 3절은 그 이야기를 하고 있는 것이다. 이처럼 가짜는 시간이 흐르면 반드시 드러나게 되어 있다.

또 여기에서 두 가지 동사를 유념해야 한다. 좀이 먹었고, 녹이 슬었다는 동사다. 이 두 가지는 문법적으로 보면 전부 완료형 시제다. 정확히 쓰려면 앞으로 좀이 먹고 녹이 슬 거라는 뜻이기 때문에 미래형으로 써야 하는데, 모두 완료형으로 썼다는 점을 우리는 눈여겨볼 필요가 있다. 이런 걸 보통 미래완료형 시제라고 하는데, 미래완료형 시제는 아직은 이루어지지 않았지만 반드시 이루어질 일들에 쓴다. 그래서 성경에는 미래완료형 시제가 많이 쓰였다. 마땅히 그렇게 될 것이기 때문이다. 지금은 우리가 인지하지 못하지만 진행 중에 있다는 뜻이다. 그러면 이러한 일들이 앞으로 누구에게 일어난다는 뜻일까?

> ⁴보라 너희 밭에서 추수한 품꾼에게 주지 아니한 삯이 소리
> 지르며 그 추수한 자의 우는 소리가 만군의 주의 귀에 들렸
> 느니라 ⁵너희가 땅에서 사치하고 방종하여 살륙의 날에 너
> 희 마음을 살찌게 하였도다 _야고보서 5:4~5

부자의 실체가 여기에서 드러난다. 이 사람의 목적은 하나님을 향해 있지도 않고, 이웃을 섬기는 데 있지도 않았다. 어쩌면 부를 쌓아가는 과정도 정당하지 않았을 수 있다. 여기에서 눈여겨봐야 할 부분은 삯을 받지 못한 품꾼들의 우는 소리가 '만군의 주'의 귀에 들렸다고 표현한 것이다. 하나님을 왜 만군(萬軍)의 주라고 표현했을까? 이것은 그들의 울부짖음에 하나님께서 싸우신다는 뜻이다. 그러므로 가장 무서운 저항은 바로 하나님께 신원하는 약자들의 태도다. 당시 그리스도인들은 모두 예수를 좇는다는 이유 하나로 가난을 선택할 수밖에 없던 사회적 약자였다. 물리적인 자본의 논리 앞에 찍소리도 못했던 그들은 나를 위해 싸워주시는 하나님께 억울함과 속상함을 신원할 수밖에 없었다. 이 부분은 구약에서도 잘 드러난다.

너는 네 이웃을 억압하지 말며 착취하지 말며 품꾼의 삯을 아침까지 밤새도록 네게 두지 말며_ 레위기 19:13

그 품삯을 당일에 주고 해 진 후까지 미루지 말라 이는 그가 가난하므로 그 품삯을 간절히 바람이라 그가 너를 여호와께 호소하지 않게 하라 그렇지 않으면 그것이 네게 죄가 될 것임이라_ 신명기 24:15

약자들은 절박한 심정으로 하나님께 호소할 수밖에 없었다. 가장 무기력한 방법 같지만 사실 그것이 가장 강력한 저항의 수단이었다.

의인의 길

> 너희는 의인을 정죄하고 죽였으나 그는 너희에게 대항하지 아니하였느니라 _야고보서 5:6

본문 6절에 와서 의인이 등장한다. 여기서 등장하는 의인을 보는 견해는 세 가지로 나뉜다. 첫 번째 견해는 그리스도이고, 두 번째 견해는 야고보 자신이며, 세 번째 견해는 모든 그리스도인이다. 세 가지 견해 중 문맥상 그리스도인을 가리킨다고 보는 것이 가장 타당하다. 이 본문은 이사야 선지자가 오실 예수 그리스도에 대해 예언한 부분과도 일치한다.

> 그가 곤욕을 당하여 괴로울 때에도 그의 입을 열지 아니하였음이여 마치 도수장으로 끌려 가는 어린 양과 털 깎는 자 앞에서 잠잠한 양 같이 그의 입을 열지 아니하였도다
>
> _ 이사야 53:7

그분은 우리를 부요하게 하시려고 이 땅에 가장 가난한 자로 오셔서 모든 죄를 뒤집어쓰시고, 그 입을 세상을 향해 세상의 방식으로 열지 않으셨다. 오로지 하늘 아버지께만 시선을 두셨다. 이는 그리스도인인 우리가 이 불공평한 세상을 살아가면서 어떤 삶의 방식을 취해야 하는지를 일찍이 그분의 인생을 통해 보여주신 것이다.

우리가 세상에서 손해를 보고 때론 억울한 일을 당하는 것은 사실상 스스로 선택한 길이다. 그러므로 우리를 곤경에 처하게 만드는 사람들을 향해 세상적인 방법이나 물리적인 수단으로 맞설 것이 아니라 오직 하늘 아버지께 신원하는 태도가 필요하다. '만군의 주'라는 표현이 그래서 쓰인 것이다.

우리는 마땅히 죽어야 할 죄인이므로 사실 억울할 것도 없지만, 예수님께서는 온전한 의인이요 가장 부요한 자이면서도 그 자리를 스스로 내려놓고 우리를 위해 가난한 삶을 선택하셨다. 그리고 세상을 향해 자신의 억울함을 알아달라고 소리치지 않으셨다. 대신 가장 강력한 저항의 수단인 하늘 아버지께 신원함으로 우리의 가난을 회복하시고 구원을 완성해주셨다. 여기에서 십자가의 방식이 그대로 드러난다. 그분이 왜 십자가에 달려 돌아가셨는지 그 의미가 나타나는 대목이다.

본문은 이사야에서 드러난 그리스도의 모습을 통해 우리에게 삶의 지침을 주고 있다. 우리의 현실 앞에서 어떤 삶의 방식을 선택할 것인가? 세상의 수단으로 입을 열지 말고 하늘 아버지께 모든 약함과 고난과 눈물을 신원하는 삶의 지혜와 순종이 있기를 바란다.

야고보서 5:13~20

13 너희 중에 고난 당하는 자가 있느냐 그는 기도할 것이요 즐거워하는 자가 있느냐 그는 찬송할지니라

14 너희 중에 병든 자가 있느냐 그는 교회의 장로들을 청할 것이요 그들은 주의 이름으로 기름을 바르며 그를 위하여 기도할지니라

15 믿음의 기도는 병든 자를 구원하리니 주께서 그를 일으키시리라 혹시 죄를 범하였을지라도 사하심을 받으리라

16 그러므로 너희 죄를 서로 고백하며 병이 낫기를 위하여 서로 기도하라 의인의 간구는 역사하는 힘이 큼이니라

17 엘리야는 우리와 성정이 같은 사람이로되 그가 비가 오지 않기를 간절히 기도한즉 삼 년 육 개월 동안 땅에 비가 오지 아니하고

18 다시 기도하니 하늘이 비를 주고 땅이 열매를 맺었느니라

19 내 형제들아 너희 중에 미혹되어 진리를 떠난 자를 누가 돌아서게 하면

20 너희가 알 것은 죄인을 미혹된 길에서 돌아서게 하는 자가 그의 영혼을 사망에서 구원할 것이며 허다한 죄를 덮을 것임이라

13

기도가
붙들려야
하는 곳

부상으로 상태가 나빠진 부위가 회복되면서 이전보다 더 튼튼해지는 경우가 있다. 농구를 좋아하는 한 청년이 덩크 슛을 연습하다가 발을 잘못 디뎌 다리 한쪽이 부러져 깁스를 했다고 가정해보자. 이 청년은 덩크 슛 한 번 넣어보지 못한 채 두세 달 운동도 못하고 불편하게 일상생활을 했을 것이다. 다치지 않은 나머지 한쪽 다리에 두세 배 이상의 힘이 들어가고, 쓰지 않던 근육까지 써야 하는 상황이 되었다. 그렇게 시간을 보내다가 어느 정도 아물어서 깁스를 푼 다음에 다시 덩크 슛을 연습하기 시작했다. 그런데 이번에는 한 번에 덩크 슛에 성공했다! 이런 일이 어떻게 가능할까? 한쪽 다리를 다친 사이 다른 한쪽이 더 튼튼해져서 점프력이 상승한 것이다.

이러한 현상은 스포츠에서만 나타나는 것이 아니라, 우리 인생 여러 국면에서도 나타난다. 숨도 쉬지 못할 만큼 아프고 힘든 고난을 겪고 나면 본인도 인지하지 못한 사이에 몸과 마음이 더 튼튼해지는 것을 경험한다. 때로는 고난이라는 인생의 주제가 그런 구실을 하기도 한다.

세 가지 국면

고난

이번 장의 본문에는 당시 그리스도인이 겪었던 세 가지 국면이 드러나는데, 그 첫 번째가 고난이다.

> 너희 중에 고난 당하는 자가 있느냐 그는 기도할 것이요
>
> _야고보서 5:13a

야고보는 고난을 겪는 자에게 기도하라고 말한다. 기도해서

복을 얻으라는 뜻이 아니라 절박한 상황에서 하나님께 가까이 가게 되는 것 자체를 성경은 복이라고 정의한다.

히브리어로 복(바라크, בָּרַךְ)은 '무릎을 꿇다'라는 의미를 갖는다. 히브리 사람들은 왕께 나아갈 때와 기도할 때 무릎을 꿇었다. 그런 의미에서 복은 내가 추구하고 원하는 바를 쟁취하는 것이 아니라 하나님께 가까이 나아가는 것 그 자체다. 만사가 평안할 때 하나님을 절실히 찾는 사람은 드물다. 감기라도 걸려야 '주여!' 이 한 마디가 나오는 존재가 우리 인간이다. 그렇기 때문에 고난을 겪을 때 하나님 앞으로 끌려나오는 것을 복이라고 보는 것이다.

시편 기자는 "하나님께 가까이 함이 내게 복이라"(시 73:28)고 기록한다. 고난은 우리에게 꼭 손해만 끼치는 주제가 아니다. 그 고난이 있었기에 우리가 전혀 인지하지 못한 어느 인생의 영역이 더 강력해져 그에 따른 열매를 얻을 때가 부지기수라는 사실을 기억해야 한다.

즐거움

두 번째 국면은 즐거움이다.

> 즐거워하는 자가 있느냐 그는 찬송할지니라_야고보서 5:13b

야고보는 즐거워하는 자에게 찬송하라고 말한다. "찬송할지니라"(13절)는 말은 어원적으로 현악기를 퉁긴다는 의미다. 이것은 찬송이나 시편을 부른다는 뜻으로 확장되어 사용되었다(고전 14:15, 엡 5:19). 시편은 하나님께서 그 백성에게 주신 찬송이요 기도며 노래라 할 수 있다.

사무엘하를 보면, 다윗을 하나님 앞에 노래 잘하는 자라고 표현했다. 다윗은 어릴 때부터 뭉게구름 떠다니는 파란 하늘 아래서 마음껏 노래하고 하나님을 묵상했다. 그러한 정서가 잘 익어 좋은 음악적 재능을 갖게 되었을 것이다. 물론 성경에서 그를 노래 잘하는 자라고 칭했을 때는 단순히 음악에만 재능이 있다는 뜻은 아니다. 다윗은 평소 하나님 품에 있는 악기 같은 존재였다. 그는 정상의 자리에서부터 도망 다니는 자리로 떨어지는 등 처절한 삶을 살았지만, 죄악의 나락에 빠져들면서도 항상 하나님을 드러내는 노래로 귀결되는 인생을 살았다.

다윗의 인생은 마치 하나님의 품에 들려진 악기처럼, 눈물의 골짜기면 눈물의 골짜기대로 기쁜 일이면 기쁜 일대로 하나님이 마음껏 연주하시는 대로 그분을 드러내는 데 길들여져 쓰였다. 그래서 성경이 다윗을 노래 잘하는 자로 소개하는 것이다.

고난 속에서 기도하는 것이 쉬운가? 즐거움 속에서 기도하는 것이 쉬운가? 우리는 본능적으로 어려움이 닥치면 "주여, 아버지 살려주세요!" 하고 매달리게 되어 있다. 그런데 즐거움 속에서 기도하는 것은 쉽지 않다. 즐거움이란 안정되고 포만감이 있어 평안한 상태를 뜻하는데, 그런 상황 속에서 찬송하고 기도하는 것은 대단한 믿음이다. 즐거움 속에서도 기도를 할 수 있다면 사실상 고난 속에서 기도하는 것을 넘어선 경지에 오른 상태다. 그래서 성경은 우리에게 즐거움 속에서 찬양하라, 즉 기도하라는 주문을 하고 있는 것이다.

병듦

세 번째 국면은 병드는 것이다. 예수님은 병든 자가 있으면 가서 일으키고 회복시키셨다. 예수님을 누구보다 가까이서 본 야고보는 육체의 질병을 겪는 자들에게 회복의 메시지를 전한다.

> [14]너희 중에 병든 자가 있느냐 그는 교회의 장로들을 청할 것이요 그들은 주의 이름으로 기름을 바르며 그를 위하여 기도할지니라 [15]믿음의 기도는 병든 자를 구원하리니 주께서 그를 일으키시리라 혹시 죄를 범하였을지라도 사하심을 받으리라 [16]그러므로 너희 죄를 서로 고백하며 병이 낫기를 위하여 서로 기도하라 의인의 간구는 역사하는 힘이 큼이니라_야고보서 5:14~16

그는 "믿음의 기도는 병든 자를 구원하리니"(15절)라고 말씀하는데, 여기서 말하는 병듦은 매우 지쳐서 녹초가 된 상태를 뜻한다. 한 사람 때문에 공동체가 지쳐 녹초가 되는 상황을 막으려는 의도가 담겨 있다. 누군가가 아플 때 죄를 '서로' 고백하며 병이 낫기를 '서로' 기도하라고 말한 것은, 공동체 안에 모인 인간은 연약하기 때문에 누군가 죄를 지을 수 있다는 전제하에 해결책을 제시한 것이다.

또 "서로 기도하라"(16절)는 말은 공동체의 기도를 뜻한다. 야고보서에서 세 단어를 걸러내라고 하면 공동체, 기도, 종말이 그에 속할 것이다. 지금 이 성도들은 종말을 향해 살아가는 이들이다. 이때 필요한 것은 공동체 안에 있는 문제들을 함께 끌어안고 기도하는 태도다. 성숙한 성도란 다름 아닌 서로의 잘못을 정직하게 고백하고, 사과하는 태도를 가지고 그 문제를 부둥켜안고 기도할 줄 아는 사람을 일컫는다.

따라서 "서로 기도하라"는 야고보의 말은 교회 안에서 누군가의 기도 제목을 받아 기도할 때, 혼자 기도하는 것이 아니라 기도 제목을 내놓은 당사자도 함께 앉아 기도하라는 의미다. 공동체 안에서 함께 기도할 때, 객관적이고 이타적인 기도를 할 수 있을 뿐 아니라 하나님의 본 뜻에 가까운 기도를 할 수 있다.

홀로 하는 기도는 자칫 욕망의 열차에 올라 주관적인 탐욕에 빠지기도 한다. 그 기도는 주관적으로 흐르다가 신앙적 오류를 빚기 쉽다. 따라서 교회에서 공동의 기도로 초대를 받으면 의무적으로 응답할 필요가 있다. 야고보가 병든 자에게 교회의 장로를 청하라고 한 것도 같은 맥락이다. 기도에 있어 교회가 매우 중요한 위치에 있기 때문이다. 기도는 항상 교회라는 공동체성을 염두에 뒤야 한다.

우리와 성정이 같은 사람의 기도

야고보는 메시지의 결론을 내리면서 엘리야를 예로 든다.

> 17엘리야는 우리와 성정이 같은 사람이로되 그가 비가 오지 않기를 간절히 기도한즉 삼 년 육 개월 동안 땅에 비가 오지 아니하고 18다시 기도하니 하늘이 비를 주고 땅이 열매를 맺었느니라_야고보서 5:17~18

엘리야가 능력의 사람이라서 마지막에 그를 소개했을까? 아니다. 엘리야는 "우리와 성정이 같은 사람"(17절), 즉 우리와 본성이 같아 소개한다고 야고보는 말한다. 그렇다면, 우리의 본성이 어떠하길래 그렇게 말하는가? 자발적으로 하나님을 찾는 존재인가, 아니면 영적으로 게으른 존재인가? 두말할 것도 없이 우리는 영적으로 게으른 존재다. 스스로 하나님께로 발동이 걸리는 존재들이 아니란 말이다. 엘리야도 우리와 마찬가지였다.

열왕기상 19장에 기록된 엘리야 낙심 사건을 생각해보라. 그는 신앙이 극치로 올라갔다가 로뎀 나무 밑에서 하나님께 "내가 만군의 하나님 여호와께 열심이 유별하오니……"(왕상 19:10)라고 항의하였다. 우리와 마찬가지로 신앙에 부침이 있는 사람도 하나님께 가까이 나아가 기도하자 하나님께서 응답하셨다. 그래도 하나님께서 일하시더라는 말이다.

단, 엘리야의 기도에는 한 가지 특징이 있었다. 그 기도는 엘리야의 열심으로 된 것이 아니라 하나님께서 그 시대의 고통을 고발하기 위해 말씀과 약속을 먼저 주셨기에 가능했다. 하나님은 '3년 반 동안 이 땅에 비가 오지 않을 것이니 기도하라'고 하셨고, 엘리야는 그 '약속을 붙들고' 기도했다.

> 많은 날이 지나고 제삼년에 여호와의 말씀이 엘리야에게 임하여 이르시되 너는 가서 아합에게 보이라 내가 비를 지면에 내리리라_열왕기상 18:1

하나님의 음성이 3년 만에 들렸는데, 비는 3년 6개월 동안 내리지 않았다. 그러니까 비가 내리기 6개월 전에 하나님께서 엘리야에게 "너는 가서 아합에게 보이라 내가 비를 지면에 내리리라"고 말씀하신 것이다. 엘리야는 하나님께서 주신 약속을 붙들고 6개월 동안 또 기도했다. 그리고 3년 6개월 만에 하나님께서 하늘의 창을 열어 비를 내리셨다.

이처럼 소명과 약속이 있는 사람은 포기하지 않는다. 내 의지 때문이 아니라 그 소명과 약속이 분명하기 때문이다. 하나님께서는 오로지 말씀과 약속에 붙들려 기도하는 인생을 사용하신다는 점을 기억하라.

고난당한 자, 즐거워하는 자, 병든 자는 무엇을 해야 하는가? 엘리야처럼 하나님의 약속을 붙들고 소망 중에 기도해야 한다. 고난 중에 우리가 진정 회복해야 할 것은 기도의 자리다. 이처럼 기도에 대한 권면으로 야고보서가 마무리 된다는 것은 참 중요하다. 왜냐하면 야고보서의 시작도 '지혜를 구하라'는 권고였기 때문이다. 성도의 삶은 기도로 시작해서 기도로 마치는 삶이다. 기도 가운데서 하나님의 지혜를 통해 온전하게 빚어지는 것이 성도가 걸어가야 할 길이다.

지금 우리가 개인적으로 마주하고 있는 삶의 문제들이 있을 것이다. 또 하나님 나라 관점에서 한국 교회 전체가 겪는 어려움들도 있다. 이 책의 서두에서 이 고난들은 오히려 하나님께 집중하도록 하나님께서 주신 기회가 될 수 있다고 나눴다. 그것이 진정 기회가 되려면 우리는 다시금 말씀과 기도 앞에 나가야 한다. 너무 단순해서 사람들이 무시해 버리는 그 자리에서 하나님 앞에 무릎을 꿇어야 한다.

이처럼 시대를 관통하는 지혜란 거창한 것이 아니다. 나의 주인이신 그리스도 앞에 다시 엎드려 우리 전 존재를 오직 그분께만 의탁하는 것이 참되고 영원한 지혜다. 이 지혜를 고난 길 가운데 다시 회복하는 우리 모든 성도들이 되길 간절히 소원한다.

◀